UNE PROMENADE

À

POMPEI

PAR

EMILE DELAUNAY

PETIT GUIDE ILLUSTRÉ

DE PLANCHES ET DE GRAVURES

1877

OPERE
PUBBLICATE E VENDIBILI
Nella Tipografia Pompeiana Scafati (Salerno)

PASQUALIGO. Le malattie simulate degl'iscritti di leva L 3. — VANNINI. Compendio storico dei Papi L. 3. — Nozioni di Geografia Cent. 30. — COTUGNO. Ischiade nervosa, versione italiana L. 1. — Anno IV IL POMPEIANO Giornale della Domenica. Abbonamento annuo Lire 5. — La Guida dell'Educatore per G. SERAFFINI. Abbonamento annuo L. 7. — Chi pagherà l'abbonamento anticipato al *Pompeiano* od alla *Guida dell' Educatore* riceverà in dono il Compendio storico dei Papi, o l'opera del Prof. Pasqualigo. — Il Castello del Diavolo per R. MARESCA Cent. 10. — S. FALCO. Compendio di Grammatica latina L. 1,50. — APICELLA. Vita di G. C. in Sacramento — continuazione della sua vita mortale — opera molto opportuna, stante la guerra che si fa a G. C. — Vol. due in 8.° complessivamente di pag. 723 — L. 6,00 — per posta 6.50. — Le sette parole dette da G. C. in croce, e la sua Divinità — precedute da uno studio sul perchè intimo di quelle sette parole — un vol. in 8.° di pag. 110 — Cent. 90 — per posta L. 1. — Ai Confessori — Studio sull'Assoluzione a darsi a colui, il quale, eziandio se ignoto al confessore, non avendo materia certa attuale, non volesse, o non sapesse che solo in genere accusare i peccati della vita passata già accusati ed assoluti — in 8.° di pag. 41 — Cent. 55 — per posta cent 60.

Les Ruines de Pompéi illustrées = Reliées
Prix Fr: 4, 00.

Une Promenade à Pompei

PAR

EMILE DELAUNAY

Les nombreuses fautes de français contenues dans cette brochure doivent être imputées à l'imprimeur italien et non à l'auteur qui n'a pas corrigé les épreuves.

UNE PROMENADE

À

POMPEI

PAR

EMILE DELAUNAY

—

PETIT GUIDE ILLUSTRÉ

DE PLANCHES ET DE GRAVURES

— Propriété —

SCAFATI — Imp. et Librairie Pompéienne

A MA LECTRICE

Merci, Toi qui daignes me lire ;
Toi, qui veux suivre mon chemin ;
Hélas, je ne puis te sourire
Je ne puis te tendre la main.
Sous les longs cils de ta paupière,
Je ne vois pas, pleins de lumière,
Etinceler tes yeux charmants ;
A travers ta lèvre mi-close,
Gouttes de lait dans une rose,
Je ne vois pas briller tes dents.

Mais, un instant, sur une page
Viens pencher ton front gracieux ;
Aussitôt ta céleste image
Va resplendir devant tes yeux !
Malgré, qu'en une lutte antique,
J'ai pour toi tué dans le cirque
Le *custode* qui te gênait ;
Le sentiment de ta présence
Donne à ce livre une décence
Que *Vénus Physique* ignorait.

LE TOURNIQUET

On entre à Pompeï par un tourniquet.

N'espère pas, Vénus la blonde, même en dénouant pour eux ta ceinture, séduire les fils de Mars qui, terribles et le glaive au côté, veillent sur ce tourniquet ; aucun d'eux, si tu n'as pas deux francs dans ton porte-monnaie, ne te laissera pénétrer dans la COLONIA VENERIA, Cette ville qui t'adorait, qui t'appartenait toute entière !

Ce tourniquet, comme il donne à songer !

Si, dans la longue suite des siècles, Pompeï est encore une fois enseveli sous les cendres du Vésuve, encore une fois mis en oubli, et de nouveau rendu à la clarté du jour, quel ne sera pas l'étonnement d'un autre Fiorelli en découvrant à cette même place cette étrange machine toute rongée par la rouille.

Jamais il ne pourra deviner qu'il n'a pas sous les yeux un instrument servant à une torture incompréhensible, mais ce que le XIX.me Siècle avait si ingénieusement substitué à l'humaine conscience : *Un compteur-mécanique.*

Que le touriste qui a bien voulu nous prendre pour *Cicerone*, dépose son offrande sur cet autel de la *Probité Moderne* et, selon la coutume romaine, entre du pied droit dans l'interieur de la ville.

Toutefois, ne nous y trompons pas, le Pompeï que nous allons voir n'est pas le véritable Pompeï; mais une ville de la décadence où tout a été rajeuni, tout ramené à un modèle uniforme, où tout porte le caractére de l'Empire. C'est un simple municipe latin du I.er Siècle.

Le Pompeï antique, vénérable, plein d'enseignements, construit à divers époques, avec son histoire, sa transformation, ses variétés de style ; celui-là a disparu dans le tremblement de terre du 5 février 63.

» *Combien il eut été préférable*—s'écrie M. Beulé—
» *que l'éruption du Vésuve ait été avancée de quel-*
» *ques années et avant le tremblement de terre!* »

Ce vœu n'est pas exempt de férocité, mais bien excusable chez un archéologue! en effet, le Vésuve a commis là une véritable maladresse ; et son étourderie nous a fait perdre un nombre considérable d'inscriptions Osques dans le genre de celle qui se trouve auprès de la Porte de Stabia : *

```
...I·SIVTTIIS M· N·PVNTIIS·M
...MM EDET·MAR·CAMM·TEDE MM...
...TEN·S MADTTNVП·TMR·S TNG..
FNAM·CAV·TEDEMNATVST·ПED
X·AVSSV·CAN·NV MNПIINN·TED
ENNTTENS·ПEDEK·III·NNT·K NA
LA·IVCE4S·MEEL4KIIE4S·EKASS·CA
ASS·AN+CAN·IVCIIA·AN+·AN+·REKCIF
DAM·MER4KE4S·П V MNПNE4S
SEDECKIRI M AREN·V VASENS·A
S·NARINIS ПDV8NT ENS
```

inscription que les savants admirent d'autant plus qu'ils la comprennent moins.

---

* Pompeï a huit portes:

    1.re   *Porte de* Stabia. — Region I.
    2.me   *de* Nocera.   "
    3.me   *de* Sarno.   "
    4.me   *de* Nola.   "
    5.me   *de* Capoue   "
    6.me   *du* Vesuve   "
    7.me   *d'* Herculanum — Region VI.
    8.me   *de la* Marine — Region VIII.

Puisque je viens de parler de la Porte de Stabia, donnons ici le dessin qui la représente.

LA PORTE DE LA MARINE

» Tandis que je gravis cette pente rapide
» J'éprouve je ne sais quel indicible effroi ;
» L'écho plus prolongé rend mon pas plus timide;
» Le silence de morts pèse déjà sur moi !

» Suis-je donc le jouet d'un rêve fantastique ?...
» La folle illusion trouble-t-elle mon cerveau ?...
» Non, cette ville est morte: après ce long portique,
» J'entrerai tout vivant dans son vaste tombeau.

Dès les premiers pas, tout nous semble étrange, imprévu. Voyez, à gauche de la porte, ce banc de maçonnerie, et, à droite, cet édicule. Sur ce banc, une hétaïre, (une *traviata*, comme on dit en Italie) avait gravé son nom, ATTICA ; *nonche*—pour nous servir des élégantes expressions du sénateur Fiorelli — *il prezzo ch' essa metteva alle sue grazie ;* dans l'édicule, au contraire, on a trouvé la statue de Minerve.

Le contraste est piquant. A la stature près, nous pouvons nous comparer au divin Héraklès ; nous sommes placés comme lui entre le Vice et la Vertu.

Sous la voute, *(Androne)* se trouve le *Musée Nouveau,* c'est un véritable dépôt de cadavres ou plutôt d'agonisants. Une salle d'amphithéâtre ou se feraient des autopsies offrirait un coup d'œil plus réjouissant.

Commençons par raconter le drame, après nous choisirons, parmi les victimes, toute une famille : le père, vieux centurion, la mère qui était enceinte et leur deux filles, dont la plus jeune, d'une beauté ravissante, est presque une enfant : elle n'a pas quatorze ans !

Great attraction for misses and ladys ! nous montrerons cette famille, dans sa mort qui souffre et se débat; dans son agonie prise sur le fait après dix-huit siècles.

LE DRAME

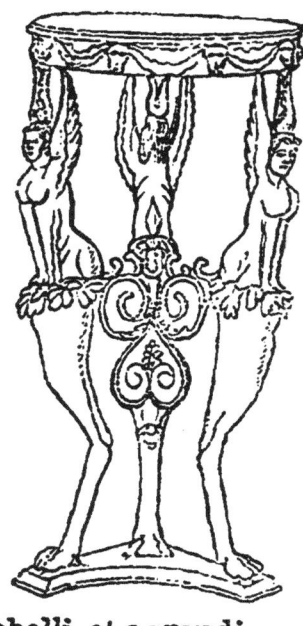

Le tremblement de terre du 5 févriér 63 avait été terrible. Pompeï avait été presque entièrement détruit. L'émotion fut telle, que le Sénat délibéra ponr savoir s'il permettrait aux Pompéiens de reconstruire leurs maisons sur un sol aussi dangereux.

On le permit. La reconstruction fut rapide. Les temples furent rebatis plus petits et moins riches qu'ils n'étaient auparavant — celui d'Hercule notamment — le forum fut au contraire embelli et agrandi.

Les décurions, ies décemvirs, les édiles luttèrent d'activité et de zèle ; les statues que leurs concitoyens et les inscriptions que nous trouverons sur les piédestaux en sont l'irrécusable témoignage.

Les théâtres n'étaient pas tout-à-fait achevés, le forum occupait encore les ouvriers, et des blocs étendus sur le sol attendaient le ciseau ; mais les boutiques et les maisons se réparaient d'autant plus vite que la légèreté des constructions et la qualité des matériaux s'y prêtaient plus aisément.

De toutes parts les modeleurs en stuc et les peintres décorateurs avaient été appelés, mais la célérité ne s'obtint qu'aux dépens du soin, du luxe et de la beauté.

D'ailleurs beaucoup d'habitants avaient été appauvris par la catastrophe et se trouvaient condamnés à l'économie; qui les pauvres et les affranchis avaient fait—comme nous le verrons partout—ajuster, sans'égard à la forme et à la couleur, les débris de marbre qu'ils avaient pu receuillir.

Ajoutons aussi que, plus d'un riche Pompéien s'était déja défait à bas pris de sa propriété et avait emporté ses meubles et ses objets les plus précieux.

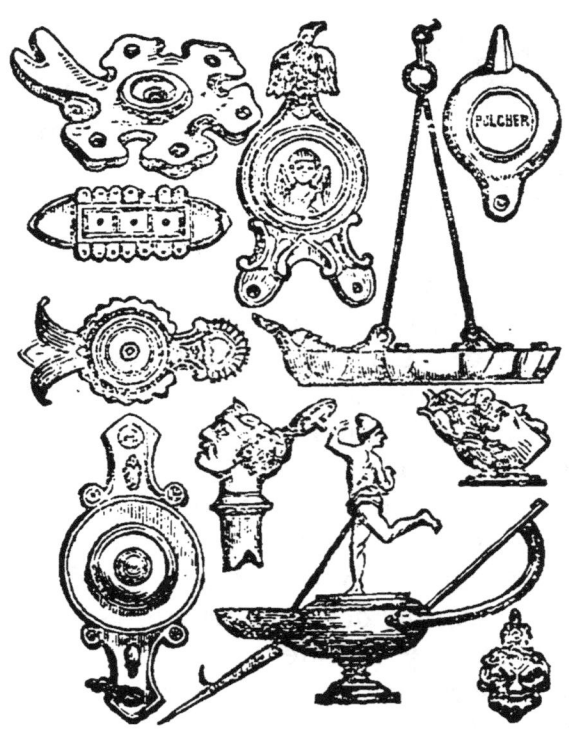

C'est pourquoi nous trouverons dans certains quartiers de Pompeï plusieurs maisons reliées les unes aux autres, malgré des plans et des niveaux différents, probablement les voisins de ceux qui voulaient quitter la ville avaient profité de ces ventes précipitées et étendu leurs propres demeures en perçant des portes, et en se raccordant par des escaliers.

Quoiqu'il en soit, Pompeï avait repris son activité et plus de fraicheur ; elle s'était relevée, elle s'était rajeunie, et, vers le milieu de l'été de l'an 79, la côte de la Campanie, cette corbeille de fleurs, n'avait jamais brillé d'un plus ravissant éclat.

On était à la fin des jours caniculaires, la sécheresse était grande, les sources, les puits étaient taris. Le sol s'était agité plusieurs fois. La mer avait frémi sans cause apparente et s'était couverte de bouillonements. On entendait des grondements souterrains.

Tout à coup, le 23 Août, à une heure de l'après-midi, s'éleva dans les airs une immense colonne de fumée.

Cette nuée, poussée par un souffle puissant, s'élançait du Vésuve, puis, s'arrêtait, s'étendait, retombait par son propre poids : on eut dit un pin parasol dont le tronc portait jusqu'au ciel une couronne de branches qui se ramifiaient de toutes parts. Le nuage paraissait tantôt blanc, c'était de la vapeur d'eau ; tantôt sale, c'étaient les scories et les pierres ponces.

La nue qui planait sur la montagne descendit peu à peu et, sur les trois heures, la cendre commença à tomber. Alors, les ténèbres s'épaissirent :

non les ténèbres d'une nuit sans lune, mais celles d'une chambre hermétiquement close, où toutes les lumières auraient été éteintes.

LES VICTIMES

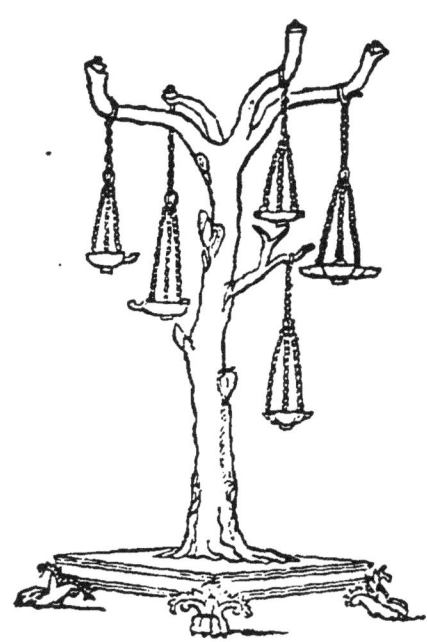

La ville était en fête, elle assistait aux jeux des gladiateurs quand la pluie de cendre commença à tomber sur elle.

Les Pompéiens s'enfuirent précipitamment. Les prudents, ceux qui ne tiennent qu'à leur vie, se hâtèrent de quitter la ville ; les autres attendirent l'événement et, ne sachant où trouver un asile, s'enfermèrent dans leurs maisons.

Qui peut dire alors ce qui s'est passé ? qui peut calculer les inspirations imprévues de la peur ou du désespoir ?

Bientôt les pierres tombent, avec le fracas de la grêle, sur les dalles de l'atrium et les tuiles de la toiture ; bientôt les colonnes et les murs sont fendus par le tremblement de terre. La crainte d'être enterré vif décide à une nouvelle fuite. Des oreillers, des étoffes repliées, protègent la tête contre les projectiles qui pleuvent. Des lampes et des torches éclairent une course aveugle et mal assurée.

Une scène terrible a lieu dans la Voie des Tombeaux, scène que les cadavres nous ont révélée : une foule épaisse se heurte ; les uns viennent de la campagne pour se réfugier dans la ville, les autres, fuyant leurs maisons incendiées, cherchent leur salut sous le ciel ouvert.

Ici, une mère tenant son petit enfant dans ses bras, s'abrite dans une tombe que l'éruption mure aussitôt sur elle ; là, un soldat, fidèle au devoir, reste debout à son poste: une main sur sa bouche, l'autre tenant sa lance, il périt bravement. Dans une boutique, près des Thermes, deux jeunes fiancés se réfugient, s'enlacent étroitement et meurent dans un dernier baiser !

Malheur à ceux que retient l'avarice ou la cupidité! La femme de Proculus, la favorite de Salluste, les filles de la Maison du Poête, s'attardent pour rassembler leurs bijoux... elles tombent asphyxiées parmi leurs ornements qui, dispersés autour d'elles racontent aujourd'hui qu'elle fut la vanité de leurs inquiétudes suprêmes.

C'est aussi ses bijoux qu'elle veut emporter, celle qui habite la Maison du Faune: elle étouffe, elle se réfugie, pour respirer, sous le tablinum, mais le plafond croule ! En vain, elle raidit ses faibles bras pour retenir le tablinum qui tombe sur elle... elle meurt !

Dix-huit cents ans après; le tablinum broyait son squelette et pesait sur son crane brisé !

Les vieillards infirmes, les malades abandonnés dans leur lit, les prisonniers, les esclaves enchainés par leurs maîtres, tous, oubliés par les vivants, meurent asphyxiés !...

Le 5 février 1863, au moment où l'on déblayait une ruelle désignée alors sous le nom de *Vicolo del tempio di Augusto*, et qu'on appelle aujourd'hui *dei scheletri* ; (Reg. VII.—Via IV.) le Commandeur Fiorelli, directeur des fouilles, fut averti que les ouvriers avaient rencontré une cavité au fond de laquelle apparaissaient des ossements.

Inspiré par un trait de génie — si simple que fut l'idée, personne ne l'avait eue avant lui — Fiorelli arrêta les travaux, fit délayer du plâtre qu'on laissa couler dans cette cavité et dans deux autres qu'on avait observées plus loin. Lorsque ces cavités furent remplies et que le plâtre eut eû le temps de se durcir, on enleva avec précaution la croute de pierres ponces, de cendres durcies, qui avait enveloppé ce quelque chose qu'on cherchait à découvrir. Et, ces matières enlevées, on eut sous les yeux quatre cadavres: plutôt des corps agonisants, des vivants qui vont mourir.

Le mari, la femme et leurs deux jeunes filles, dont l'une était presque une enfant, avaient été foudroyés sur la voie publique; la cendre avait immédiatement recouvert leurs cadavres encore chauds et modelé leurs contours.

Entrons dans le *Musée Nouveau;* ils sont là !

Le premier cadavre *(Vitrine I.)* est celui de la femme ; elle est tombée sur le dos. Bien que ses traits soient peu distincts, on reconnait qu'elle a souffert et qu'elle a été étouffée. Son visage cherche l'air et sa tête semble se soulever vers le ciel. La main droite, crispée, s'appuie sur la terre ; le bras gauche veut repousser un ennemi invisible, tout annonce la suffocation. Cette malheureuse était enceinte et, pour mieux fuir, avait relevé ses vêtements, qui forment un paquet sur le ventre et font paraître la taille et les hanches plus fortes.

Le second *(Vitrine II)* est d'une taille audessus de la proportion ordinaire, il n'a pas moins de six pieds.

Le voici :

Ses pommettes sont saillantes, ses sourcils très marqués ; sa bouche, surmontées de moustaches, lui donne l'air d'un vieux soldat ; les lèvres semblent faire un effort pour respirer ; les paupières sont intactes et les yeux ouverts comme s'il souffrait encore.

Renversé sur le dos, ce géant à voulu se rele-

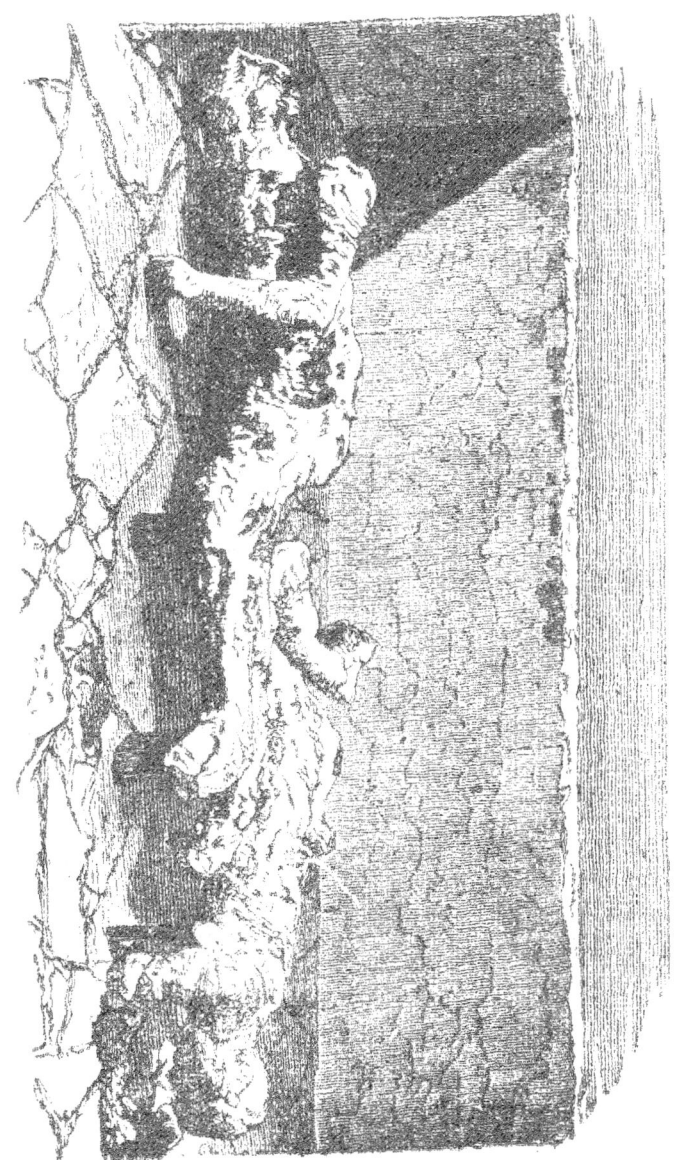

ver en s'appuyant sur le coude et il a ramené sur sa tête un coin de manteau pour se protéger, soit contre la cendre soit contre les gazs qui l'étouffaient.

Cet homme d'un certain âge était, comme je l'ai dit, le père des deux jeunes filles qui le suivaient à quelques pas et qui moururent ensemble.

Ces deux sœurs couraient en se soutenant l'une l'autre : respirant le même poison, elles s'affaissèrent les pieds enlacés et en même temps. *(Vitrine V.)*

La plus âgée s'est couchée sur le côté comme pour dormir ; l'autre — elle n'avait pas quatorze ans ! — est tombée sur le ventre en étendant ses bras comme une protection. Une main crispée et dont les ongles s'enfoncent dans la chair, atteste la souffrance ; l'autre main tient serré sur le visage un pan de robe ou un mouchoir, comme si la pauvre petite avait espéré se préserver du souffle méphitique ; ses deux pieds battent l'air, pris dans les plis de la tunique.

» Ce petit corps si tendre, dit M. Beulé, est déjà
» séduisant ; de beaux reins, des épaules justes et
» bien prises, une grâce naissante, rappellent *la*
» *Joueuse d'osselets* ou *la Nymphe à la coquille ;*
» là coiffure est celle des Italiennes de la monta-
» gne, une natte ramenée sur le milieu du crâne »

Ce tableau pathétique est un drame tout entier ; c'est un groupe d'un mouvement vrai, d'une expression saisissante ; la nature a été moulée sur le vif entre l'agonie et la mort !

Mais, que dirons-nous de la fillette (*Vitrine III.*) morte en courant, sa jupe relevée sur sa tête et dont les traits enfantins sont à peine altérés.

Elle est là, toute nue, sous notre regard.

On peut s'expliquer — et encore jusqu'à un certain point — qu'on ne rougisse pas en regardant la pauvre enfant : sa nudité ayant pour voile l'infortune et l'indiscrétion étant purifiée par la pitié.....
Mais, ce qu'on ne peut comprendre, c'est que tous les jours de pudiques Anglaises, de rêveuses Allemandes et ces anges de candeur qu'on appelle les Napolitaines, ne craignent pas de descendre et de remonter — en levant leurs naïfs regards — le petit escalier de marbre placé sous ce corps frêle et gracieux, ce corps si admirablement modelé.

C'est plus qu'une inconvenance, c'est une véritable profanation.

UN MOT D'EXPLICATION

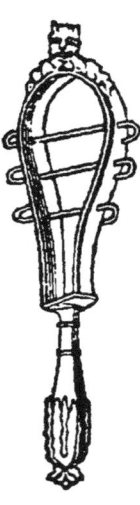

La ville de Pompeï, parfaitement délimitée par ses remparts, a été divisée par le commandeur Fiorelli en Région; puis, chaque Région, subdivisée à son tour en un certain nombre d'Iles.

Ces Régions, comme on peut le voir dans notre dessin, sont au nombre de neuf et sont traversées par deux voies principales : le DECUMANUS MAJOR et le DECUMANUS MINOR, voies aboutissant — pour la partie découverte (REGIONS VI, VII, VIII, *Iles 1, 2, 3, 4 de la* REGION IX; *1, 2, 3, 4, 5 de la* REGION I) au Premier CARDO;

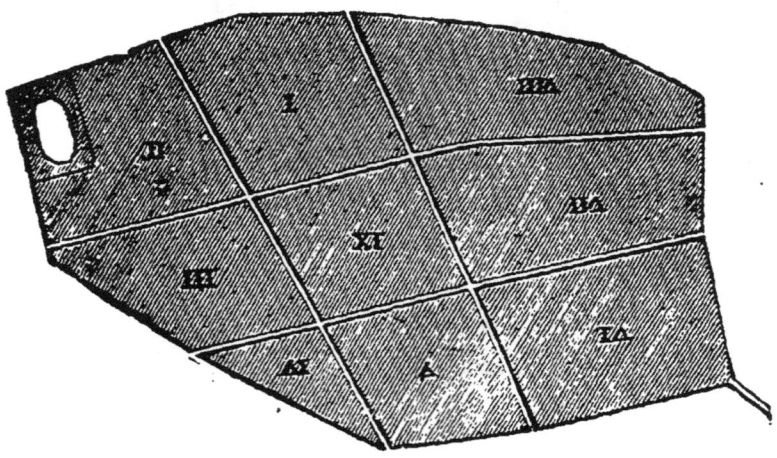

Au sortir du Musée et de l'*androne* de la Porte Marine, nous nous trouvons dans le DECUMANUS MINOR, ayant devant nous le forum; à notre droite, la Basilique (REG. VIII. *Ile 1.*) à notre gauche le temple de Vénus.

C'est donc dans ce Temple, la plus belle ruine peut-être de Pompeï, que nous allons entrer.

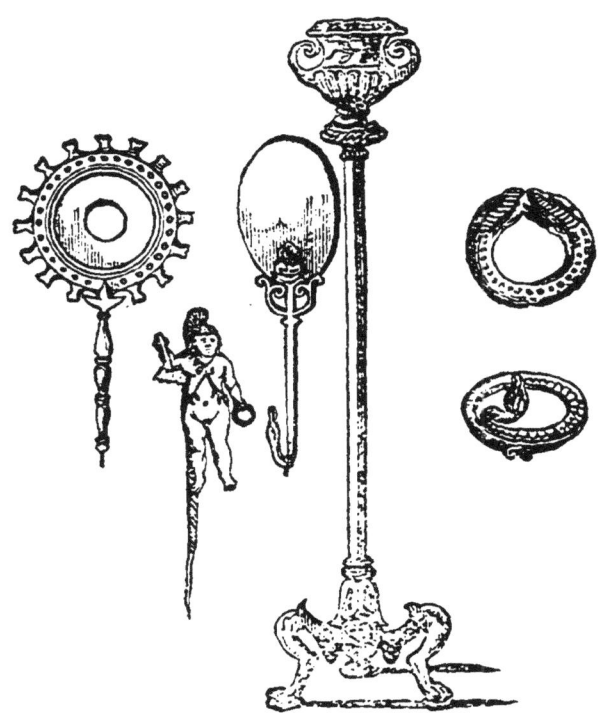

LE TEMPLE DE VÉNUS

(Région VII. — Ile VII.)

» Ni l'éclatant Paros, ni le blanc Pentélique
» N'étaient jamais trop beaux pour toi, Vénus Physique!
» O maîtresse immortelle et de l'homme et des dieux!...
» Quoi! son temple est désert, son sanctuaire est vide,
» Et, devant son autel, l'innocence timide,
» Peut passer sans rougir et sans baisser les yeux.

L'*Aedes Veneris Pompeianae* est construit selon le principe des temples, en parallèlogramme.

L'autel est placé à l'extérieur, en face de l'entrée et, sur les deux cotés de son stylobate, on lit l'inscription suivante:

M. PORCIVS M. F. L. SEXTILIVS. L. F.CN. CORNELIVS CN.F.
A. CORNELIVS. A. F. IIII. VIR. D. D. S. F. LOC.

» M. Porcius fils de Marcus, L. Sextilius fils de
» Lucius, Cnéus Cornélius fils de Cnéus, A. Corné-
» lius fils d'Aulus, Quatuorvirs, firent élever ce mo-
» nument par décrêt des décurions.»

Une colonne ionique, placée à gauche du sanctuaire, porte, dans une plaque carrée, cette autre inscription:

L. SEPVNIVS. L. F.
SANDALIANVS
M. HERENNIVS. A. F.
EPIDIANVS
DVO. VIR. I. D.
D. S. P. F. C.

» L. Sépunius Sandilianus fils de Lucius, M. He-
» renius Epidianus fils d'Aulus, duumvirs de justi-
» ce, firent élever ce monument à leurs frais ».

Ajoutons que le temple était entouré sur ses quatre côtés, de quarante colonnes doriques, dont celles qui subsistent encore, ont été maladroitement coiffées de chapiteaux corinthiens.

Ajoutons enfin, qu'on a trouvé dans le sanctuaire la statue de la déesse ; elle était nue mais elle cachait ses divines nudités comme la Vénus de Médicis sait si admirablement bien les cacher.

Continuellement obligé de nous restreindre dans ce petit Guide, nous terminons là notre description. Ceux qu'elle ne satisferait pas, trouveront dans le GUIDE DE POMPEI, une étude approfondie sur le Temple de Vénus. Parmi d'excellentes choses ils y liront ceci, à la page **24** :

» *Devant le sanctuaire est l'autel pour les sacri-*
» *fices on y lit l'inscription suivante avec les noms*
» *des quatre magistrats qui* LA (sic) *firent con-*
» *struire. Le monument qui offre le plus d'intérêt,*
» *c'est l'inscription qui est aujourd'hui au Musée.*
» *Les parois étaient ornées de diverses peintures,*
» *dont quelques unes ont été portées au Musée, et*
» *d'autres ont été détruites par le temps.*»

Dessuite nous savons à quoi nous en tenir, c'est à Naples que nous trouverons, parmi les 3700 peintures antiques et les 1600 inscriptions honoraires, sacrées, publiques et funéraires, les peintures et les inscriptions enlevées au temple de Vénus.

Passe encore pour les peintures, le temps les détériore ; mais la Déesse, mais l'immense inscription d'Holconius que le GUIDE DE POMPEI, dans son style inimitable, appelle le *monument!*

Une fois à Pompeï, le touriste devient un véritable prisonnier. Il est confié à la garde d'un *custode*, constamment armé, qui s'attache à ses pas et surveille ses moindres mouvements ; enfin, entré par le tourniquet de droite, il ne peut sortir que par le tourniquet de gauche : des sentinelles placées de distance en distance, sur les hauteurs de la ville, rendent toute évasion impossible.

En présence de précautions si minutieuses, si multipliées, que pouvait-on craindre pour le *monu-*

ment, je veux dire l'inscription d' Holconius ?

C'est une table de marbre impossible à soulever.

Enlever la colonne de Sépunius n'offrirait pas de plus sérieuses difficultés.

Quoiqu'il en soit, l'inscription vaut la peine d'être citée ; la voici :

```
    M. HOLCONIVS·RVFVS·D·V·I·D·TERT
    C·EGNATIVS·POSTVMVS·D·V·I·D·ITER
         EX·DD·IVS·LIMINVM
         OPSTRVENDORVM·H·S ∞∞∞
         REDEMERVNT·PARIETEMQÆ
         PRIVATVM·COL·VEN·COR
         VSQVE·AT·TEGVLAS
         FACIVND.COERARVNT
```

» M. Holconius Rufus, duumvir de justice pour
» la troisième fois, et C, Egnatius Postumus, duum-
» vir de justice pour la seconde fois, par Décret des
» Décurions, ont acheté le droit de fermer les fenê-
» tres pour 3000 sesterces; et ont eu soin d'élever
» jusqu'au toit le mur particulier du Collége des
» Vénéréi Corporés.

Le *Guide de Pompeï* traduit COL·VEN·COR· par : *La Colonie des Pompéiens*.

Simple étourderie; mais on s'étonne de la rencontrer dans un ouvrage d'une si haute portée scientifique.

Traversons le Decumanus Minor et entrons dans la *Basilique*.

LA BASILIQUE

(Région VIII. — Ile I.)

» Quand les sénateurs promulguèrent
» La loi de Lèse-Majesté,
» Tous le méchants se rassurèrent
» C'était pour eux l'impunité.
» Alors, choisissant leurs victimes,
» Les traitres inventaient les crimes
» Qu'ici les juges punissaient ;
» Et le vil tyran de Caprée,
» Celui de la Maison-Dorée,
» Du sang versé se réjouissaient !

La Basilique n'était pas seulement une *Cour d'Assises*; elle était aussi et surtout, un *Tribunal de Commerce*.

Chaque jour Thémis y rencontrait Mercure.

Ce monument, un des plus grands de Pompeï, est précédé d'un vestibule aligné sur le Forum. Ce vestibule franchi, l'édifice apparait dans sa grandeur vraiment romaine. « Du premier regard, dit M. Ernest Breton, l'œil reconstruit les larges colonnes
» en brique, régulièrement tronquées, qui sont en-
» core debout sur leurs bases et qui, couronnées
» de volutes ioniques, devaient former aux quatre
» côtés de cette aire grandiose, et dallée de mar-
» bre, un portique monumental. Des demi-colonnes
» engagées dans les murs latéraux supportaient la
» galerie... »

Cette galerie était le rendez-vous de tous les oisifs de la ville; ils s'y cherchaient, s'y rencontraient et, tout en assistant aux débats ; s'y entretenaient de leurs plaisirs et de leurs faciles amours.

Heureux Pompéiens, ils n'ont jamais connu l'épouvantable ennui qui pèse si lourdement, sur nos petites villes de Province.

Toujours au forum, aux thermes, au théâtre, au cirque, aux tribunaux ; toujours assistant à une fête publique ou religieuse ; dès qu'il ne savait plus qu'imaginer pour se distraire, le Pompéien prenait un pinceau ou un poinçon et, sur la première muraille venue, peignait ou gravait, selon l'inspiration du moment, une déclaration d'amour ou une épigramme injurieuse.

Voici quelques uns des graphites qu'on a déchiffrés sur les stucs dont la Basilique était autrefois revêtue.

« *Ah peream sine te si Deus esse velim* »

» Que je meure, si jamais sans toi je consentais à devenir
» meme un dieu ! »

« *Oppi emboliari, fur, furuncule* »

» Oppius le portefaix es' un voleur, un filou. »

» *Suavis vinaria sitit ; rodo vos valde* SITIT (sic).»

« Suava, marchande de vin a soif ; je vous en conjure
« faites qu'elle ait toujours soif.»

« *Le latin dans le mots brave l'honnêteté* »

Surtout à Pompeï.

Les murs de la Basilique étaient couvertes d'inscriptions plus que légères, mais audessous d'une d'entre-elles, un passsant indigné avait écrit :

« *Jous multum mittit Philocratis* »

»Philocrate a mis *(contre de telles indécences)* une forte amende.»

Une remarque avant de quitter la basilique.
La tribune des duumvirs de justice est fort élevée audessus de l'*area*, mais comme il n'y a pas de traces de marches, aucun savant n'a pu découvrir comment on y montait.

Admirables ces savants ! Les uns voient dans la petite chambre, prise dans le soubassement de la tribune, une prison où l'on mettait les coupables pour y être interrogés :

» *On voit*, dit Bonucci, *sur le pavé de la tribune les* » *ouvertures par où l'on entendait leurs plaintes.*»

Les autres, au contraire, considèrent ce souterrain comme *une buvette pour les avocats* ; un — *repositorio sotterraneo*—dit expressément le Commandeur Fiorelli.

Si notre touriste—hypothèse plus romanesque— admet que cette chambre est une prison, il a un moyen bien simple de se rendre compte si, de sa place, le duumvir de justice, qui présidait, pouvait entendre la voix de l'accusé. Qu'il monte, comme il le pourra, sur la tribune et engage son inséparable *custode* à aller dans le souterrain lui faire une compendieuse description de la Basilique.

Assurément il l'entendra, et, si le *custode* pousse la complaisance — ces Italiens sont si aimables! — jusqu'à vouloir bien entrecouper son interminable récit de déchirants sanglots et d'affreux gémissements, l'illusion sera complète.

De la Basilique passons au Forum.

LE FORUM

(Région VII. — Ile VIII.)

» Évoquons de nouveau le jour épouvantable
» Où, montrant quelle était sa force redoutable,
» Le Vésuve engloutit le Forum et les Dieux...
» Tout ce lugubre drame est là devant mes yeux !
» Ici, de longs sanglots ; plus loin, des cris funèbres !
» On se cherche, on s'appelle, au milieu des ténèbres.
» Sous d'énormes rochers tous les entablements
» S'écroulent ! Quels affreux cris, quels effondrements !
» C'est Junon qui périt ; c'est Vénus qui succombe ;
» De son grand piédestal c'est Jupiter qui tombe,
» Écrasant le César qu'on a divinisé ! . . . .
. . . .
» Travaillant dans un but qu'il ne peut pas comprendre
» Aujourd'hui l'ouvrier trouve, en fouillant la cendre,
» Le squelette d'un prêtre, auprès d'un dieu brisé !

Le forum déblayé de 1813 à 1818, offre un parallélogramme dont l'*area*, ou partie découverte, n'a pas moins de 157.m de longueur sur 33.m de largeur ; cet *area* était dallé régulièrement en travertin dans toute son étendue et était entouré, sur trois côtés, de portiques à colonnes doriques de marbre blanc. Au-dessus de ces portiques étaient des terrasses auxquelles on arrivait par des escaliers étroits et raides, s'ouvrant en dehors de l'enceinte.

Un grand nombre de piédestaux présentaient à l'admiration publique les statues de Rufus, de Sallustius, de Pansa, de Scaurus, de Gellianus; excellents citoyens dont Pompeï n'aurait pu se passer : ils y remplissaient toutes les fonctions.

Qu'on en juge par les deux graphites suivants copiés sur les piédestaux de Rufus et de Pansa.

M·LVCRETIO·DECIDIAN
RVFO·D·V·III·QVINQ
PONTIF·TRIB.MILITUM
A POPVLO·PRAEF·FABR
M.PILONIVS·RVFVS

» A Marcus Lucrétius Décidianus Rufus, duum-
» vir trois fois quinquevir, pontife, tribun des sol-
» dats élus par le peuple, préfet des ouvriers, Mar-
» cus Pilonius Rufus.»

Marcus Pilonius Rufus, était le neveu de Décidianus Rufus, il en avait hérité; les oncles d'aujourd'hui ne comptent guère sur de pareils témoignages de reconnaissance.

C·CVSPIO·C·F·F·PANSAE
PONTIFICI·II·VIR·I·D
EX·D·D·PEC·PUB·

» A Caius Cuspius Pansa, fils de Caius, pontife,
» duumvir chargé de rendre la justice, *(monument*
» *érigé)* aux frais du public par Décret des Décurions. »

Maintenant, embrassons d'un seul coup d'œil le vaste rectangle que représente notre dessin.

Si nous nous plaçons contre le piédestal qui se trouve devant le petit arc de triomphe *(cet arc est situé en face des trois Curies, salles du Conseil des*

duumvirs de justice) nous avons, à notre droite :
1. le *Comitium*, 2. le *Portique de la Concorde d'Auguste*, 4. l'*Augusteum* ; et, à notre gauche : 1. le *Temple de Vénus*, 2. la *Fora Venalia* l'*Aerarium*.

Devant nous, se dresse, dans son imposante grandeur, le temple de Jupiter.

Ab Jove principium, Commençons par le Temple de ce dieu dont les humaines faiblesses n'étaient pas toujours d'un goût très relevé.

TEMPLE DE JUPITER.

(Région VII. — Ile VII.)

Comme la plupart des temples romains, cet édifice est élevé sur un soubassement (*podium*.) On y monte par un perron que coupe, au centre, une plate-forme où se dressait soit l'autel, soit un *senaculum* (tribune aux harangues.) Sur le podium, il reste les vestiges de douze colonnes qui formaient le portique antérieur ou *pronaos*. A droite et à gauche du perron, des piédestaux portaient autrefois des statues probablement colossales. Derrière le pronaos on reconnait la place où fut la *cella*; enfin trois petites chambres souterraines, de construction très-solide existent dans le soubassement et renfermaient le trésor du temple.

Reconstruisons ce riche sanctuaire, relevons les deux colonnades ; la première d'ordre ionique supportant une galerie ; la seconde d'ordre corinthien, soutenant le plafond léger en bois peint et doré.

Que Jupiter, la barbe et les cheveux enluminés

de vermillon, reprenne sa place sur son piédestal:
— assistons à un sacrifice.

La procession passe sous la porte triomphale dont il ne reste, comme nous le voyons ici, que la carcasse en briques, des niches et des traces de demi-colonnes.

Un *Calateur*, ou héraut sacerdotal; marche en tête recommandant de temps en temps l'attention, le silence et le repos. Une grande victime vient ensuite; c'est une vache magnifique d'une éclatante blancheur; ses cornes sont dorées, son front est orné de festons de fleurs et de bandelettes. Un *victimaire* nu jusqu'à la ceinture, le reste du corps vêtu d'une robe à bande de pourpre, relevée sur les côtés et descendant jusqu'à mi-jambe, conduit l'animal; il le tient de la main droite près de la bouche, au moyen d'une corde qui lui embrasse le mufle. Sa main gauche est armée d'un petit maillet circulaire et à long manche, qu'il porte en l'air appuyé sur son épaule gauche.

Derrière lui, viennent les *Cultraires*; ils ont à la ceinture une grosse gaine, garnie de couteaux; enfin s'avancent les *Popes*, autres ministres des sacrifices, puis, de jeunes enfants, portant un vase d'eau lustrale, avec un aspersoir en forme de queue de cheval, et un coffret carré plein de farine et de sel, pour consacrer la victime.

Précédés des joueurs de flûte, les prêtres défilent lentement: ce sont les pontifes, les quatre collèges sacerdotaux, les diverses flamines et les sacerdotesses Mamia, Eumachia et Tyché. Tous tiennent à la main des baguettes pour faire écarter la foule sur leur passage, ils sont couronnés de rameaux de chêne.

La procession passe devant l'Augusteum, le Temple du Génie d'Auguste et le Chalcidique; puis, arrivée à la hauteur du piédestal contre le quel nous nous appuyons, la longue théorie se déploie, s'aligne sur un nouveau front, et, largement, se présente devant le Temple de Jupiter.

En avant du grand portique de face s'élève l'autel des sacrifices. Il est paré d'une triple bandelette de laine et de guirlandes de verveine. — Le Flamine-Dial y brûle de l'encens et fait une libation en l'honneur de Vénus.

Entrés dans le temple*, les prêtres adorent Jupiter en portant la main droite à la bouche; se retournent ensuite par la gauche vers les portes, répètent la même adoration et et s'assoyent dans l'intérieur de la *cella* pour se recueillir et prier à voix basse ou mentalement, Ils ont, ainsi que tous les assistants, la tête voilée d'un pan de leur toge, afin que rien ne vienne les distraire.

Après quelques instants—le Flamine-Dial se lève sort de l'édicule de Jupiter et s'écrie : «*Favete linguis*! » que les langues soient captives ! C'est la formule pour reccomander le silence à l'assemblée. Il va ensuite se placer près de l'autel des sacrifices

---

* Le temple, chez les anciens, n'était pas un lieu de réunion pour les pieuses multitudes ; mais seulement une niche agrandie renfermant la statue qu'on adorait, peu à peu cette niche, ou *Cella*, s'orna d'un portique antérieur, puis d'un portique postérieur, puis de colonnades latérales; mais jamais la cella n'accenillit qu'un petit nombre d'élus convenablement purifiés.

où il purifie ses mains en les tendant à un *Camille* jeune garçon à longue chevelure, qui lui verse dessus de l'eau contenue dans de petits vases sans pieds. Il les essuie avec un serviette de lin. Aussitôt les popes viennent présenter le victime à l'autel. Le Flamine l'asperge avec l'eau lustrale portée par un *Camille*, et lui jette sur la tête un peu de farine de blé roti mélangée de sel, qu'il prend dans un coffret qu'un autre *camille* tient ouvert devant lui. Il dit chaque fois, comme parlant à la victime : «*Sois augmentée par cette farine et par ce sel.*» Il soupoudre également l'autel de farine salée, et en jette aussi sur les couteaux du sacrifice, qui sont auprès dans un vase plein d'eau. Alors, il prend un de ces instruments, et, d'une main légère, en promène obliquement la lame depuis le front jusqu'à la queue de la victime. Il arrache à l'animal une petite touffe des plus longs poils d'entre les cornes, et la jette dans un feu de bois de pin allumé sur l'autel : lui fait, avec une large patère d'or, couronnée de fleurs, des libations de vin sur le front, en répétant chaque fois ; à la victime : « *Sois augmentée par ce vin nouveau.* »

Aussitôt après cette invocation, un pope s'approche de la victime, se met en position de frapper, et regardant le Flamine, « *Agirai-je ?* » lui dit-il.

Il en reçoit l'ordre il frappe violemment de son maillet l'animal à la tempe. La vache chancelle et tombe. Des *cultraires* se jettent sur elle, achèvent de la renverser en la saisissant par les cornes et l'égorgent. Son sang est recueilli dans des patères, et le Flamine en fait, avec une patelle, des libations sur les flammes de l'autel des sacrifices. Les *jécu-*

naires ouvrent le corps de la victime, et après que les Augures ont reconnu l'état des entrailles, la dépouillent, la dépècent, mettent dans des corbeilles les extrémités seulement et le cœur, les soupoudrent de farine et d'orge et les présentent au Flamine.

Pendant ces opérations, un flutiste, debout près de l'autel, ne cesse d'emplir les airs des sons aigus de son instrument.

Le Flamine annonce la fin du sacrifice en disant aux assistants: «*Vous pouvez vous retirer.*»

Le spectacle de ce sacrifice, nous a retenu trop long temps et nous sommes forcés de passer très rapidement devant les édifices qui entourent le Forum.

Le premier, à droite, est le *Comitium* (Rég. VIII—Ile III), les uns l'appellent l'*Ecole Publique*, les autres l'*Ecole de Verna* (?) C'était un édifice destiné aux Comices Electoraux.

Le second monument est le *Porticus Concordiæ Augustæ* (Rég. VII.—Ile IX), portique élevé par la prêtresse Eumachia ainsi qu'en témoigne cette inscription.

Eumachia.L.SACERDOS.PVB*l nomine su*O.ET,M. NVMISTRI.FRONT*onis fili* cHALCIDICVM.CR*yptam porticus* CONCORDIAE.AVGVSTA*e pietati sua peq*V-NIA FEC*it ea*DEMQVE DEDICAVIT.

» Eumachia prêtresse publique a érigé un chalcidique, une crypte et des portiques à la Concorde Auguste en son nom et au nom de son fils M. Numistrius fils de Frontonius»

Des antiquaires ont tenu absolument a désigner cette singulière construction sous le nom impossible à comprendre de *Chalcidique.*

Quoiqu'il en soit, et pour plus de clarté, citons ici un passage de ce trésor de science qu'on appelle le GUIDE DE POMPEI.

» La crypte de l'*Edifice d'Eumachie*, dit-il page
» 27, forme un second portique, qui méne (*sic*) der-
» riére (*sic*) la grande niche, ou se trouvait la
» belle statue de la prêtresse Eumachie (*voir notre dessin*) «élevée par les teinturiers (fullones),
» cet emplacement étant dédié à leur collège (sic).
» Ces *teinturiers* étaient *exclusivement* chargés de
» tenir propre, le linge des prêtres publics.

Les foulons, le nom l'indique, étaient des cardeurs de laine ; en tout cas ceux qui lavent le linge sont des *blanchisseurs* et non des *teinturiers.*

Une porte secrète nous conduit du Portique de la Concorde d'Auguste à l'*Aedes Genii Augustae*, le *Temple du Génie d'Auguste* (Reg. VII. — Ile IX.)

Ce petit édifice, appelé par les antiquaires, qui s'entendent toujours si bien entre eux, tantôt *Temple de Mercure*, tantôt *Temple de Romulus*, tantôt *Temple de Quirinus*, etc a été construit aux frais de la prêtresse Mamia, témoin le graphique suivant conservé au Musée de Naples, sous le N. 1209.

Ma MIA·P·F·SACERDOS·PVBLIC GENIO *aug* SOLO·ET
PEC*unia sua.*

Seule et avec son argent ! voilà de la dévotion.
Ce temple, d'un plan très irrégulier, sert de dé-

A la suite du Temple du *Génie d' Auguste* vient l' *Augusteum*. (Rég. VII. — Île IX.)

Deux portes d'entrée, séparées par deux colonnes corinthiennes et une niche vide dans l'entre-colonnement, conduisent à une aire carrée, ceinte d'un portique et qui garde encore à son centre douze bases rangées en rond; ces bases soutenaient les poutres d'un *tholus* ou léger pavillon de bois. C'est dans cette enceinte qu'on préparait les mets et qu'on les distribuait. C'était un restaurant sacré; on y découvrit un récipient pour les eaux sales, pleines d'arêtes de poisson.

Il y a dans tout cet édifice comme une vague

odeur de cuisine ; mais, ce qui lui enlève un peu de sa trivialité, c'est l'admirable peinture qui décore un des murs de l'*Atrium*: — Ulysse, triste et pensif, est assis à son foyer et peut à peine retenir ses larmes devant Pénélope qui ne l'a pas encore reconnu — admirable trait d'Homère, et peut-être un des plus beaux de la poésie antique;—plus loin Thétis et Achille; puis la nymphe Io qui écoute Argus, enfin—*Sujet que nous reproduisons dans la planche suivante*—Oénone qui raconte ses infortunes à Pâris.

« *Admirables discours à mettre en vers latins.* »

A gauche du Forum nous voyons la *Fora Venalia* (Rég. VII.—Ile VII) puis l'Ærarium du Temple de Jupiter: les savants appellent le premier édifice: *Pœcile*; le second: *Prison*:—des briques, partant, rien de curieux.

LES RUES

Les rues de Pompeï, c'est de l'histoire familière racontée par les maisons elles-mêmes, c'est-à-dire prise sur le vif.

Ce qui frappe d'abord, c'est la petitesse des rues : sept mètres est leur plus grande largeur; puis l'étroitesse des trottoirs qui sont pavés diversement, selon la richesse ou la fantaisie des propriétaires qui étaient chargés de leur entretien.—Ces trottoirs, sont coupés par des bornes souvent percées de trous pour attacher les ânes et les vaches des paysans qui apportaient chaque matin dans la ville, jusqu'à la porte des citadins, leur lait et leurs paniers de légumes.

Comme on le voit dans notre gravure, les rues de Pompeï sont pavés de gros blocs de lave, et, comme par leur déclivité, les jours de pluie, ces rues se changeaient en véritables torrents, on voit placés de loin en loin, une ou trois grosses pierres qui permettaient aux piétons de passer d'un trottoir à l'autre à pied sec.

Des petites piles de pont, comme le remarque très-bien M. Marc-Monnier (*Pompeï et les Pompéiens*.) devaient rendre le passage des voitures difficiles ; « aussi, dit cet auteur, les ornières qu'on
» trouve encore marquées sur les pavés sont-elles
» les traces des chariots trainés lentement par des
» bœufs, et non de ces chars légers que lancent
» si lestément les romanciers dans la petite ville
» antique.»

Fait indubitable, les Pompéiens allaient toujours à pied; seuls, les notables, se faisaient voiturer dans la campagne. Où trouver place, en effet, pour des remises et des écuries dans ces maisons grandes comme la main. C'est dans le faubourg seulement, dans la banlieue, que l'ampleur des habitations rendait ce luxe possible.

Ce qui frappe surtout à Pompeï c'est qu'il y a des boutiques partout. Tous ses habitants exerçaient une industrie, soit par eux-mêmes, soit par leurs affranchis, soit par leurs esclaves. On conçoit alors l'exclamation naïve de ce Pompéien qui a fait encastrer en mosaïque dans le dallage de son atrium*, l'inscription suivante : — « Salut gain ! »

SALVE·LVCRV·

Somme toute, l'aspect des rues de Pompeï est triste ; tout paraît petit, surtout avec un soleil qui met la nudité des ruines en pleine lumière. Les lézards qui se glissent vivement entre les pierres, et les mouches qui, en été, bourdonnent au milieu d'un silence de mort, éloignent toute idée de commerce, de richesse, d'animation.

Mais, rendons aux murs dépouillés leurs toits et leurs clotures ; figurons nous les Pompéiens revenus ; ouvrons toutes ces boutiques, garnissons les de leurs étalages ; faisons aller et venir les passants, enfin, animons le tableau du tapage méridional, aussitôt, voyez, comme tout est gai, comme tout est vivant !

C'est le soir. Les boutiques sont éclairées par des

---

* **Maison de Siricus** (Rue VII. — Ile I. n. 47).

lampes fumeuses, car les rues n'ont pas d'éclairage et les passants attardés seront obligés, plus tard de se munir de lanternes.

Partout les thermopoles (lisez *cafés*) où l'on vend le vin cuit, le vin aromatisé, l'hydromel, le salep, et les boissons chaudes, attirent les visiteurs. Les marchands sont assis sur le seuil; les femmes, les oisifs causent avec eux. A travers les portes des maisons, qu'une grille légère ferme seule encore, on voit les *atria* avec leurs colonnes frappées obliquement par la lune naissante ; le jet d'eau babillard, les fleurs qui croissent auprès de la table de marbre, le chien qui sommeille. Parfois une belle

de l'indolence, de la chaleur et des précautions pour l'adoucir du luxe et de la simplicité. Le soleil, la beauté, la couleur, rebaussent les détails vulgaires; les bazars de Pompéi en sont l'image la plus juste et la véritable tradition.

LA MAISON

La disposition principale des maisons de Pompeï consiste en deux cours intérieures environnées de portiques et d'appartements; l'une l'*atrium*, destinée à recevoir les visiteurs et les étrangers; l'autre, le *perystilium*, appropriée à la vie privée et domestique...

Nous pourrions ainsi continuer notre description: montrer le *prothyrum* ; puis l'*atrium* avec son *compluvium*, son *impluvium* et son portique continuant le *cavaedium;* distribuer les *cubicula*, indiquer la position du *tablinum*, des *alae*, des *fauces*, du *pluteus* ; des *triclinia*, de l'*exedra*, du *xystus* etc.

Mais, cette description serait d'une monotonie que je cherche, autant, que possible, à éviter dans ce petit Guide.

Que le touriste, qui a bien voulu nous prendre pour *cicerone*, ou le simple lecteur qui daigne nous suivre, à l'aide de nos gravures, au milieu des ruines si étendues et si intéressantes de Pompeï, veuillent bien longer le Forum, où nous étions restés, passer sous le petit arc de triomphe qui se trouve entre l'*Aerare* et le temple de Jupiter, entrer par la *Via Septima (la rue des Thermes)* puis, arrivés au *Decumanus Major*, tourner à main gauche et suivre la *Via Secunda, (la rue de Salluste);* au **N.** 4 de cette rue, qui conduit à la Porte d'*Herculanum*, ils trouveront enfin la maison de *A. Coss. Libanus*.

Le dessin suivant nous montre cette maison dans son état actuel.

Avant d'entrer chez Libanus remarquons la porte de la maison ; elle a un double battant en bois de chêne revêtu d'airain et orné de *bulles*, gros clous à tête ciselée et dorée.

Nous faisons tinter une sonnette, destinée dans presque toutes les maisons à solliciter l'ouverture de la porte. Déjà nous avons le pied sur le seuil, quand l'*ostriarius*, ou portier, sortant de sa cellule allonge devant nous une longue baguette dont il est armé et nous crie : Quis tu ? « *Qui êtes-vous?* ».

Au même instant, un chien posté près de lui, aboye avec une telle violence qu'il nous est impossible de nous faire entendre. Le portier fait taire son compagnon et nous entrons dans un ample couloir qui nous conduit vers l'atrium.

Comme la plupart de ses concitoyens, Libanus a augmenté ses revenus, en multipliant les boutiques autour de sa maison.

La sienne est un véritable bazar. A gauche, une boulangerie : — trois moulins, *hibernacula*, magasins pour la farine, pour les pains cuits, vases pour l'eau, amphores, rien n'y manque — plus loin, une boutique, communiquant avec l'atrium et le prothyrum par des baies aussi larges que celles donnant sur la rue : — dans le comptoir en maçonnerie sont scellés six grands vases de terre cuite destinés à contenir l'huile et les olives que Libanus fait vendre par son *dispensator* ; — à droite, une deux, trois boutiques, celle d'un marbrier, d'un épicier, d'un marchand de vin..... — Un propriétaire de la rue de Tolède n'entendrait pas mieux la gestion de son immeuble.

Nous sommes dans l'*atrium*, et, dans cette belle cour carrée, qu'une courtine, teinte en pourpre, tendue sur l'impluvium, remplit d'ombre ; nous admirons un groupe de bronze: *Hercule atteignant une biche* ; l'animal, haletant, épuisé, arrive au bord du petit bassin de marbre *(compluvium)* et se penche sur la nappe d'eau qui le reflète.

Trois pièces s'ouvrent sur l'atrium dont elles occupent le fond.

La première, située sur l'axe du prothyrum, est le TABLINUM : elle contient les archives de la famille; les deux autres, placées de chaque côté, sont les ailes (*alae*) : elles renferment les portraits des ancêtres, exécutés en cire et renfermés chacun dans une armoire, au bas de laquelle une inscription rappelle les titres, les honneurs, les belles actions de celui dont elle contient l'image.

Les *cubiculae* (chambres) donnent sur l'atrium : l'une d'elles — la première — est surtout remarquable par de petites colonnes ioniques portant un entablement à trygliphes.

A gauche: précédé d'un *procœton*, petit vestibule servant aussi à la chambre voisine, est le *triclinium* d'hiver.

Libanus a adopté la mode et, pour manger, se tient à demi-couché, le corps appuyé sur le coude; il porte cette habitude de molesse jusque dans le travail, et s'étend sur un lit pour lire et pour écrire.

Aussi, ne dit-on pas à Pompeï, Libanus habite chez lui, mais qu'il y *couche*.

Libanus est un gastronome ; non seulement il se fait servir les mets les plus exquis, mais il sait les manger. Dans une poularde, il ne touche qu'à la partie supérieure de la cuisse ; dans un canard, qu'à la poitrine et à la cervelle. Le becfigue est le seul oiseau qu'il daigne manger en entier !

Gourmet ! oui ; il aime le bon vin; mais ce n'est pas un ivrogne, comme ceux que l'on voit à Pompeï — Les uns, prenant de la cigüe, pour que la crainte de la mort les excite à boire ; les autres, avalant de la poudre de pierre ponce, ou se renversant la tête, en élargissant la poitrine, excellents moyens, disent-ils, pour provoquer la soif.

Libanus ne donne dans aucuns de ces excès, mais, quel Epicurien !

Voyez ce *triclinium* ; est-il assez riche, assez somptueux ! Les lits sont incrustés d'or et d'ivoire; les coussins viennent de Babylone ; des tentures de pourpre décorent les murs ; une statue dorée soutient un candelabre pour les longs soupers de la nuit ; et des voiles de soie brodée, disposées en forme de tente, pendent au dessus de la table de festin, pour la garantir de la poussière.

Cette table, portée sur un seul pied, est faite avec les bois les plus rares et les plus précieux, elle se reflètte dans l'éclatante mosaïque, ainsi que l'*abaque* : rédence d'airain, sur laquelle, les jours de réception. Libanus étale sa vaiselle d'or et d'argent. Quels vases ! sur l'un, on voit Bacchus attelant des lions avec un frein tressé de pampres et de vignes ; sur l'autre, Cypris naissant la mer embaumée ; ici, une Naïade au front couronnée de roseaux; là, Phœbé surprise au sein des ondes. Sur tous, des pierres fines et le nom de Libanus.

N'est-ce pas là tout l'appareil du luxe le plus éblouissant.

Nous venons de voir la partie publique de la maison de Libanus, celle où les *Clients* peuvent pénétrer; maintenant parcourons la partie privée.

A droite du *tablinum*, un *fauces* (corridor) s'ouvre devant nous et nous conduit à une galerie soutenue par des colonnes et ouverte sur le XYSTUS.

Le Xystus, consistait un petit parterre, bordé de fleurs, dans lequel se trouvaiture fontaine tantôt revêtue de coquilles et de mosaïques ;—(Fullonica Reg. VI.—VIII. n. 20).

tantôt garnie de bibelots. (Maison de M. Lucretius Rég. IX. — Ile III.)

A l'extrémité du portique de Libanus, vous voyez une nymphée, ou bain domestique, et à côté un petit fourneau pour l'eau destinée à chauffer le bain ; à l'autre extrémité, un passage conduit à la cuisine et à un vestibule donnant sur une porte dérobée.

Tous les «*Guides*» vous affirmeront, cher touriste que l'appartement secret où se trouve la peinture d'Actéon est un *venereum*, (le mot *boudoir* ne le traduit nullement ; un *aphrodisium* consacré — di-

sent-ils — aux orgies si souvent mentionnées dans
Horace, Pétrone et Juvénal.

Le doute vous est permis.

Vous êtes ici tout simplement dans un *gynæceum*,
ou, si cette expression vous est plus familière, dans
un *harem*.

Un fait certain, c'est que le *venereum* n'existait
pas dans les maisons romaines. Ce mot dans la si-
gnification qu'on se plaît à lui donner, ne se trouve
pas comme substantif dans la langue latine; il n'est
pas dans Vitruve ; et aucuns des poètes érotiques
n'en parlent.

Si le mot *venereum* avait été admis, Ovide l'aurait certainement employé dans le passage de ses
Tristes, (II. v. 523.) où il parle des figures de Vénus que l'Empereur avait dans la partie privée de
sa maison. Il appelle cet endroit secret : simplement *aliquis locus*.

La seule autorité qu'on invoque est un écriteau
de locations lu autrefois sur les murs de l'Amphithéâtre de Pompéï.

Le voici :

IN PRAEDIIS IULIAE SP. F. FELICIS
LOCANTVR BALNEVM, VENEREVM ET
NONGENTVM TABERNAE PERGVLAE
COENACVLA EX IDIBVS AVG. PRIMIS IN
IDVS AVG. SEXTAS ANNOS CONTINVOS
QVINQVE S. Q. D. L. E. N. C.

» A louer dans les domaines de Julia Félix, fille
» de Spurius, du 1.r au 6 des Ides d'Août, un bain,

» un *venereum*, 900 boutiques et étaux (ou *échop-*
» *pes)* et pièces au premier étage (*sans doute pour*
» *le logement des marchands)* pour cinq années con-
» sécutives avec la condition d'usage que :

S·Q·D·L·E·N·C·

» Si Quis Domi Lenocinium Exerceat Non Conductio. »

» Si on y établit un *lenocinium*, le bail sera résilié »

Cette traduction est celle de W. Gell, Gandy, Avellino, Arditi, Jorio, Minervini, Garrucci....; de toute l' *Académie d' Herculanum*.
Eh bien, cette traduction n' est pas juste; les lettres :

S·Q·D·L·E·N·C·

signifiant tout simplement :

» Si Quinquennium Decurrerit Locatio Erit Nudo Concessu. »

» A l'expiration des cinq années on s'entendra
» d'un commun accord pour le renouvellement du
» bail »

En présence de semblables interprétations on est peu disposé à admettre que le mot *venereum*...
— Très-bien, va dire ici mon touriste, mais Libanus ?

— C'est vrai, je l'avais complétement oublié. Libanus ! où es-tu ?... Son *atriensis* m'apprend qu'il est allé souper chez Holconius avec Madame ; mais que leur fille, mademoiselle Lycé, est restée à la maison.

Cette jeune personne est fiancée au fils du riche Siricus.

Figurez-vous qu'hier soir, je m'étais attardé dans cette rue.....

La nuit touchait à l'*intempestum*.

En passant devant la maison de Libanus, jugez de mon étonnement en voyant un homme couché sur le seuil de la porte et enveloppé dans une *lucerna*, grand manteau dont un pan lui cachait en partie le visage.

Tout naturellement je le pris pour un voleur ; mais, le voyant baiser la porte, et la frotter de parfums dont le vent m'apportait l'odeur, je reconnus bientôt que j'avais devant les yeux l'*innamorato* de la belle Lycé, le jeune Secundus Siricus.

Lycé sera très riche, surtout à la mort de ses parents ; aussi, en plaçant ses vues sur elle, Siricus n'a-t-il fait que suivre la devise de sa famille :

SALVE LVCRV

On est très mauvaise langue à Pompeï — c'est une petite ville de province.—A entendre Epidius Rufus, fils de Marcus, son voisin Epidius Sabinus, le Duumvir Epidianus, fils d'Herennius, et tant d'autre Lycé serait plus que cruelle pour Secundus.

C'est d'autant plus regrettable que les deux familles sont d'accord et n'attendent que la fin de la querelle de ces deux amants pour célébrer leur hymen.

Sachant ce petit roman, dont tous les oisifs de Pompeï s'entretiennent, je ne fus nullement surpris de voir Secundus poser un pied sur le trottoir et *gratter du jambon* en modulan la plainte suivante :

>» Plus inébranlable qu'un chêne,
>» Plus cruelle que les serpents
>» Que nourrit la plage africaine
>» Lycé, prends d'autres sentiments :
>» Qu'à la fin la pitié l'emporte
>» Car toujours tu ne verras pas
>» Secundus, au seuil de ta porte,
>» Souffrir le vent et les frimas.

On fut quelques instants sans répondre à cette sommation et Secundus désespérant d'avoir touché le coeur de celle qu'il aimait, allait s'éloigner, lorsque, Sulpicia, la vieille nourrice de Lycé ouvrit cette porte jusqu'alors insensible.

Lycé était à coté de Sulpicia.

Secundus se précipita aux pieds de Lycé ; elle le releva aussitôt et leurs lèvres se soignirent ensuite dans un de ces longs et doux baisers où Vénus — comme disent les Pompéiens — mêle la cinquième partie de son nectar.

Sur ce, apparurent Monsieur et Madame Libanus

Tableau ! — » *Camellæ* ! déesses protectrices des » filles à marier, soyez bénies ! Vous-êtes ici le « bien-venu, o Secundus, mon futur gendre »—s'écria le bonhomme Libanus, puisque vous et Lycé êtes maintenant si bien d'accord, nous pourrons chanter les *chants fescenniens* aux Ides prochaines.

Sur ce, Secundus entra dans la maison, on ferma a porte et je n'entendis plus rien.

PISTRINUM

(Région VI. — Ile III.)

La maison de Pansa nous a montré la richesse et le bonheur ; poussons la porte voisine, nous allons trouver la misère et la souffrance.

Après avoir traversé un atrium tétrastyle, au centre duquel est un *compluvium*, nous arrivons, par un petit tablinum, dans une chambre presque carrée où nous voyons, à quelques distances les uns des autres, quatre grosses pierres cylindriformes assez semblables à deux cônes tronqués joints par leurs petits côtés.

Ces pierres un peu poreuses, d'un gris noir, reposent sur une base circulaire. Ce sont des moulins ; c'est là que le blé subit l'opération de la mouture.

La partie fixe appelée *Bonne Meulière* prend le nom de *meta molendaria*, la partie mobile, double cône tronqué qui coiffe la *meta* s'appelle *Catillus*.

Sur la paroi antérieure est appliquée une forte armature en bois composée de deux bras, tenus d'un bout par deux petits leviers fixés à un noyau de pierre réservé sur l'étranglement; de l'autre engagés dans un soliveau qu'ils vont joindre en suivant la courbure du cône supérieur et qu'ils soutiennent transversalement audessus de son ouverture.

De cette manière la pierre supérieure roule sur l'inférieure pour ainsi dire sans la toucher ; il n'y a pas adhérence

Il y a des meules *jumentaires* et des meules *manuelles* ; les premières tournées par des ânes les secondes par des esclaves.

A en juger par leur hauteur et d'autres indices, ce sont des meules *manuelles* que nous avons devant les yeux.

Apulée a tracé un tableau effrayant du sort des esclaves condamnés à ce pénible travail.

Après avoir peint leur hideuse maigreur, leurs corps meurtris par le fouet et à peine couverts de haillons.

» *Tous* — dit-il — *étaient marqués au fer rouge*
» *d'une lettre au front, avaient les cheveux rasés*
» *d'un côté et portaient au pied un anneau.*»

« Frontem litterati et capillum semirasi et pedes annullati»

Toute plainte inutile : l'esclave n'était pas autre chose qu'un animal.

La législation romaine, ne faisant aucune différence entre eux et les bêtes, ne s'était occupée d'eux que pour les châtier.

Et quels chatiments ! les plus horribles, les plus

barbares: le fouet, les verges, la torture, la marque les chaînes, la prison, la mort.

Notez, que je ne compte pas parmi ces châtiments les coups que les esclaves recevaient sur la figure et pour lesquels ils étaient obligés de venir tendre la joue et de la gonfler afin que le soufflet fut mieux appliqué ; cela arrivait si fréquemment que c'était tout au plus une punition.

Ce que leurs maîtres appelaient crimes, ce qu'ils punissaient d'un châtiment rigoureux, c'était un accés de toux, un éternuement, un hoquet, un rien venant rompre, pendant le service, l'absolu silence auxquels ils étaient condamnés.

Détournons nos regards de ce lieu maudit et souvenons nous que si dans la Villa d'un riche patricien on trouvait des portiques parfumés de roses et de violettes, on y trouvait aussi l'horrible prison des esclaves, le sombre et infecte *ergastulum*.

PORTE D' ERCULANUM

(Région VI. — Porte VII.)

En sortant du Pistrinum suivons la rue *Consulaire* et dirigeons nous vers la Porte d' Erculanum.

Nous passons successivement à droite devant une *Citerne publique (n. 19)*; devant le *Compitum* (n.13) les savants l'appellent *Ponderarium*, *Telonium*, etc, contentons nous de l' appeler *Douane;*—devant la *Maison du Chirurgien* (n. 10).
— Les gens à imagination vive, voyent une chambre de malade dans chacune des treize chambres, et, dans la plus grande une *salle de dissection ;*— devant la *Maison des Vestales* n 6, 7, 8 — Le *custode* ne manque jamais d'y faire observer aux dames anglaises, placées sous sa sourveillance, que la peinture : *Le Faune découvrant une Bacchante*, qu' elles voyent dans une *cubicula* (celle qui est à gauche du prothyrum), n' est pas précisément à sa place chez des prêtresses de Vesta, et toujours on lui sait gré de cette judicieuse observation. Ce sont de ces attentions délicates qui ne coutent rien et aux quelles une femme bien élévée est toujours sensible ; — devant un thermopole (à droite n. 5), devant l'*auberge de Julius Polibius*, (à gauche n. 1).

Nous voici arrivés à la *Porte d' Herculanum.*

Cette porte, principale entrée de la Cité, consiste —notre dessin le montre — en trois arcades bâties en briques et dont les deux latérales, petites et étroites, servaient pour les piétons. Ces arcades se fermaient extérieurement à la manière des donjons du Moyen-Age, par une porte en bois descendant ans des rainures profondes, encore visibles et, à l'intérieur, par une seconde porte.

Cette construction était recouverte de stuc blanc sur le quel on a trouvé des avis au public, surtout des annonces de combats de gladiateurs.

GLAD·PAR·XX........PVGNA·NON

PARIA·XXX....CASELLIVM

GLAD·PARIA·XXX·MATVTINI·
ERVNT

Vingt, trente paires de gladiateurs s'entretuant dès le lever de l'aurore.

Quel luxe pour une petite ville de province !

VÔIE SACRÉE

Dès qu' un riche Pompéien était passé de vie à trépas, on allait rue de Mercure N. 9, prévenir le *libitinaire* (l' entrepreneur des Pompes funèbres) afin d'envoyer des esclaves pour préparer le corps. Cette préparation consistait en lotions d'eau chaude et embaumement avec des aromates.

Pendant qu'on y procédait, on appelait de temps en temps le défunt à haute voix pour s'assurer qu'il avait bien cessé de vivre. Lorsque les employés des libitinaires avaient lavé et parfumé le mort, ils lui arrangeaient la figure et tâchaient d'en faire disparaître les traces du trépas à l'aide d'une sophistication composée de *pollen* et de fleur de farine, d'où le nom de *pollinctores* donné aux embaumeurs.

Le corps enveloppé d'un linceul blanc, mais, habillé comme s'il vivait encore, était déposé sur un lit élévé dans l'atrium, les pieds tournés vers la rue.

Il demeurait ainsi exposé pendant sept jours ; le huitième une trope nombreuse de parents et d'amis vêtus du *penula*, (manteau de voyage) conduisait au son des flûtes et de *nenies* (poèmes en l'honneur du défunt) le riche patricien à son bucher funèbre.

Mais l'humble, le pauvre, le misérable ; celui qu'Horace appelle dans son dédain *acheteur*, c'est à-dire *mangeur de pois frits et de noix...*

Fricti ciceris et nucis emptor. »

(*Ars. Poet. V, 249.*)

Celui-là mourait comme il avait vécu ; inconnu. Aucun cyprès placé devant sa porte, n'indiquait aux passants qu'il y avait un mort dans la maison. A peine trois jours étaient-ils écoulés depuis qu'il avait rendu l'âme, qu'on se hâtait de jeter son corps dans une espèce de coffre appelé *arca* ou *sandapila*. Une méchante toge, usée à force de servir à tout le monde, couvrait le pauvre diable, qui souvent revêtait ainsi pour la première fois cet habit du citoyen. Quatre affreux esclaves marqués, couraient le porter au *lustrinum*, endroit écarté loin de la ville (cet endroit n'a pas encore été découvert) où étaient creusées des fosses étroites, profondes comme des puits et où on empilait pêle-mêle tous les cadavres.

Ajoutons que les libitinaires, préposés à de si lamentables funérailles s'appelaient *Vespillons* de *Vesper*, soir, car ce n'était qu'à la chute du jour qu'on enterrait les malheureux.

Quand la mortalité était trop considérable, la plèbe recevait les honneurs du bucher, mais en masse. Les *Vespillons* entassaient les cadavres par piles (Martial VIII, 75) et, pour tenir lieu des parfums et des aromates, qui aident à la combustion, ils mettaient un corps de femme parmi dix corps d'hommes; parceque—c'est Plutarque qui nous l'apprend— *les femmes renferment plus de calorique et s'enflamment plus aisément.*

Avis à ceux qui accusent certaines femmes d'être froides.

Obligé sans cesse de me restreindre dans ce petit Guide — (Cent-vingt pages, songez donc !) — je ne peux donner ici que les premières inscriptions tombales de la Voie Sacrée et seulement le nom des autres sépulcres.

Tombeau de M. Cerrinius

(à gauche)

(N. 1.)

M · CERRINIVS
RESTITVTVS
AVGVSTALIS
LOCO . DATO
D . D

(Cette inscription est au Musée de Naples)

Schola d'Aulus Veius

(N. 2.)

A·VEIO·M·F·II·VIR·I·D·
ITER·QVINQ·TRIB·
MILIT·A·POPVL·EX.D·D·

« A Aulus Véius fils de Marcus, duumvir de justice, pour la seconde fois censeur, Tribun des soldats élu par le peuple. Par décrêt des Décurions.

(Reproduction d'une inscription portée au Musée de Naples).

TOMBEAU DE M. PORCIUS

(N. 3.)

M·PORCI
M·F·EX·DEC
DECRET·IN
FRONTEM
PED XXV
IN·AGRVM
PED·XXV

» Espace de 25 pieds sur autant en largeur accordé * à Marcus Porcius fils de Marcus, par décrèt des Décurions.»

(Au Musee de Naples).

---

* Lorsque la Concession etait à perpétuité on l'indiquait sur les tombes par les lettres H·M·H·N·S· — *Hoc Monumentum Haeredes Non Sequitur.*

Schola et Sépulcre de Mamia

(N. 4)

MAMIAE·P·F·SACERDOTI·PVBLICAE·LOCVS·SEPVL
TVR·DATVS·DECVRIPNVM·DÉCRETO·

» Par décrèt des Décurions ce lieu fut accordé à Mamia prêtresse publique, fille de *Porcius*, (et non de *Publius* comme traduisent certains antiquaires) pour y être enterrée.

Parmi les fragments découverts dans le sépulcre placé derrière la *schola* on trouva une lampe sur laquelle était gravée une petite figure tenant une fleur ; au dessous on lisait :

« *Annum novum faustum felicem mihi.* »

» Que la nouvelle année me soit de bonne et d'heureuse augure.»

L'étrange souhait dans une tombe !

TOMBEAU DE TYCHÉ

(N. 16)

IVNONI
TYCHES·IVLIAE
AVGVSTAE·VENER

A Junon Tyché *veneria* de Julie Auguste.

(Au Musée de Naples.)

Junon, dans cette étrange épitaphe, signifie *Fée*.
Les *Junones* étaient (j'allais dire les anges) étaient les esprits gardiens des femmes. Selon la croyance de la plus poétique de toutes les religions qui on précédées le christianisme — illusions de la nuit dissipées, par la pure clarté du jour — en même temps qu' une femme; naissait un être invisible qui l'accompagnait, veillait sur elle et, pendant toute sa vie, lui donnait de bons conseils.

92 UNE PROMENADE A POMPEI

Eh quoi ! celle-là même qui se serait mise ainsi sous la garde de sa *Fée* aurait été..... ce que les « *Guides* » tous les Guides, disent qu'elle a été.

Impossible !

Je ne me charge pas de traduire le mot *veneria* mais, quelqu'ait été le laisser-aller de la vie antique, jamais je n'admetterai que les souillures de la vie soient des titres à inscrire sur un tombeau placé près de la porte d'une ville.

Voici les noms des sépulcres qui viennent ensuite :

CÔTÉ GAUCHE	CÔTÉ DROIT
I.—Tombeau d'Umbricius n. 17	I.—Sepulcrum Terentii n. 2
II.—Tombeau circulaire » 18	II.—Monumentum Alleiorum 37
III.—Mausolée de Calventius 20	III.—Tombeau de C. Labéon 38
IV.—Sepulcretum Istacidiorum 21	IV.—* Sepulcrum Salvii et Grati 40
V.—Monumentum Naevoleae 22	V.—Tomb. de la fam. Arria 42

* A coté de ce sepulcre on trouva cette inscription, mo-

Le Triclinium funèbre que notre dessin représente se voit à gauche au N. 23. C'est un petit enclos dans un état complet de dégradation, au milieu est une table sur laquelle on plaçait l'urne funèbre couronnée de roses.

On répandait des fleurs, on faisait des libations; et, s'il faut en croire cette mauvaise langue de Martial, il arrivait qu'en remplissant trop souvent les coupes de vin, les convives oubliaient quelquefois qu'ils étaient venus dans cet endroit, non pour s'y divertir, mais bien pour y verser des pleurs.

Nous laissons au *Custode* qui vous accompagne, mon cher touriste, le soin de vous montrer la MAISON DE DIOMÈDE (N. 24) et de vous y raconter la fin tragique de ceux qui vinrent y chercher un abri.

Dans son GUIDE DE POMPEÏ, M. Pagano, avec une concision et une clarté qui rappellent Tacite, nous fait assister à ce drame lugubre:

» Dans le souterrain, dit-il (page 147), on trouva
» 18 squelettes APPARTENANT A CETTE MAISON (*sic*)
» et formant un groupe de personnes qui préci-
» pitaient leurs pas pour gagner la campagne mais
» qui malheureusement restèrent victimes l'affreux
» jour de l'éruption.»

Enfin, dans l'impossibilité où je suis de tout vous dire, j'abandonne à votre *Custode*, o mon aimable

---

dèle de tendresse et de simplicité:

SERVILIA·AMICO·ANIM.....

« Servilia à l'ami de son ame. »

touriste, le plaisir de vous apprendre — vous n'en serez pas peu surpris — que :
(Lisez l'enseigne trouvée dans la maison.)

THERMAE
M·CRASSI·FRVGIVS
AQVA·MARINA·ET·BALN
AQVA·DVLCI·IANVARIVS·L

L'Etablissement de bains d'eau de mer et d' eau douce, de M. Crassus Frugius, établissement tenu par l'affranchi Januarius (N. 5 — 15) est la *Villa de Cicéron*.

— » C' est là, va vous dire votre Custode, que le
» célèbre orateur se retira après la bataille de Phar-
» sale ; là, qu'il donna un dîner à Octave César,
» celui qui fut Auguste, à Balbus son Procureur et
» aux Consuls Irtius et Pansa, diner dont il parle
» dans une de ses lettres à Atticus: (Lib. 13 Ep. 50)
» *Hospitem mihi tam gravem , fuit enim perju-*
» *cunde;* là, qu'il composa ses principaux ouvrages:
» *de Officiis, de Divinatione, de Senectute*. Ces pi-
» liers de brique, envahis par les herbes vous re-
» présentent la plus belle des vingt-quatre mai-
» sons de campagne que possédait le grand écri-
» vain; celle qu'il orna avec tant de magnificence,
» pour la quelle il fit de si nombreuses dettes, qu'il
» appelait son *Pompeianum;* «*Tusculanum et Pom-*
» *peianum valde me delectant* »; écrivait-il à Atti-
» cus (Ep. 28) «*Nos circiter Kal, aut in Formiano*
» *aut Pompeianum*» (Ep. 30).

VERS LE TEMPLE DE LA FORTUNE

(Région VI.)

Retournons sur nos pas, remontons la Rue Consulaire (VIA SECUNDA) et, arrivés à la hauteur de la maison de notre ami Libanus, prenons à main gauche et suivons la *Petite rue de Mercure* (VIA PRIMA). Nous passons devant l'Arriana Polliana (ILEVI—n.12) grande cour que le locataire de Cn. Alleius Nigidius Maï tient, il faut l'avouer, en bien mauvais état.

La maison du riche Patricien a son entrée au N. 1 de la *Grande rue de la Fortune*. (DECUMANUS MAJOR.) C'est la *Maison modèle*, la célèbre maison de Pansa !

>HIC HABITAT
>FELICITAS

Votre *Custode*, mon cher touriste, ne manquera pas de vous y conduire.

Pour nous, continuons notre chemin, arrivons à la Fontaine de Mercure; puis, prenons à gauche dans la Grande rue de Mercure (Via Sexta); nous irons rendre visite à Marcus Asellinus

Personne chez lui. Regardons dans son perystilum sa fameuse fresque l' *Adonis blessé* : — Adonis trop peu vêtu pour la saison et qui ne sait pas poser, Vénus est bien sotte de s'intéresser à ce grand nigaud qui a l'air d'un garçon coiffeur. L'Hermaphrodite de l' *Aecus* (à gauche) n'est pas mal mais si dégradée! hélas moins par le temps que par la main grossière et indécente de ceux qu' Asellinus reçoit chez lui.

Nous ne lui en faisons pas ici notre compliment. En passant, déposons nos cartes de visite au N. 20, chez les *Antisti Maximi* et les *Lœli Trophimi;* deux familles rares ; elles vivent sous le même et s'accordent parfaitement entre elles.

Aurus Herenuleus est sur sa porte (N.23.) et nous invite à entrer chez lui. Le bon type de bourgeois enrichi! Il ne nous fait grâce de rien, il nous faut tout admirer : ses *alae,* ses *fauces* , ses *cubicula* , jusqu'à son *posticum* et sa cuisine !

— » Voyez, nous dit-il , mon Tablinum à l'entrée
» du quel j'ai fait placer sur deux piédestaux, ici,
» mon buste, là, celui de Madame mon Epouse. Que
» vous semble mon bassin avec sa petite pyramide
» ses petits escaliers, ses petits Amours, ses petits
canards, ses petits.....

Nous nous sauvons. Revenant sur nos pas, nous admirons, à gauche , (Ile IX) deux habitations princières,—l'une au N. 2, l'autre au N. 6—puis, traversant la rue nous entrons, à droite dans la Fullonica (Ile VIII n. 20) On y trouva en 1826 cinq vases de verre parmi les debris d'une cassette qui les renfermait. L'un était plein d'une liqueur qui fut répandue par inadvertence; l'autre contenait du *garum* ; le troisième, de la moutarde (sans doute de Dijon), le quatrième, je ne sais trop quoi , enfin , dans le cinquième, des olives nageant dans l'huile et d'une conservation parfaite.

» L. L. MM. Le Roi et la Reine , avec la Famille
» Royale, — raconte le Marquis Salmati dans ses

Mémoires (T. II. c. IV. p. 257) — étaient présents
» à cette fouille. Remarquant quelques olives qu'on
» venait de trouver dans un vase, et qui étaient
» tellement fraiches qu'on pouvait croire qu'elles
» venaient d'être ceuillies à l'instant ; S. M. Le Roi
» daigna en gouter une. Toute la Cour demeura
» dans une muette attente pour savoir ce que di-
» rait Sa Majesté. Mais Le Roi se contenta de faire
» comprendre, par un léger signe de tète, qu'il a-
» vait trouvé l'olive de son goût.

« *Ch'essa era di suo gusto.* »

Dangeau n'eût pas mieux raconté.

Entrons dans le Temple de la Fortune.

TEMPLE DE LA FORTUNE

∿

(Région VII. — Ile IV.)

J'aurais aimé ton culte aimable et poétique,
Lorsqu'un peuple élégant venait sous ton portique,
O Fortune inconstante, implorer tes faveurs.

Solennelle et charmante, une danse mystique,
De son pas cadencé, frappait la mosaïque
Sur des chants alternés divisés en deux chœurs.

Mais, dans la nuit bleuâtre, aux clartés de la lune!
Alors que tu resplendissais dans ta blancheur, Fortune,
Lentement près de toi, passaient deux amoureux.

Si tu n'entendais pas ce qu'ils pouvaient se dire,
Tu les voyais dumoins tendrement se sourire,
Puis, en te regardant; s'embrasser tous les deux

 Si tu n'as pas Fortune, immortelle déesse,
  Perdu le souvenir
 Du temps où tu voyais l'amour et la jeunesse
  Dans ce temple accourir ;
 Et si, te rappelant les blanches théories
  Aux rythmes solennels;
 Tu n'as pas oublié les guirlandes fleuries
  Qui paraient tes autels;
 Ni la douce colombe, et la naissante rose
  Que l'on venait t'offrir;
 Déesse aux yeux d'azur, dans ce siècle de prose
  Comme tu dois souffrir !

Un descendant de Cicéron crut devoir élever ce Temple de la Fortune sous l'invocation de celui qui fut Octave César.

« *Ruunt in servitutem* » disait Tacite.

Voici l'inscription que l'on trouva gravée sur l'architrave de la Cella.

M·TVLLIVS·M·F·D·V·I·D·TER·QUINQ·AVGVR·TR·R VA
A·POF·AEDEM·FORTVNAE.AVGVST·SOLO·ET·PEQ·SVA

» Marcus Tullius fils de Marcus duumvir de jus-
» tice, pour la troisième fois Censeur, Augure et
» Tribun des soldats élu par le peuple (éleva) sur
» ses fondements et à ses frais le temple de la
» Fortune d'Auguste. »

La *Cella* n'a pas moins de quatre niches et l'une d'elles,—tout naturellement—contenait la statue d'Auguste, témoin ce fragment d'inscription porté au Musée de Naples.

..... *augu* STO · CAESARI
...........PARENTI · PATRIAE

Dans la niche qui faisait face à celle qu'occupait le Pére de la Patrie, était la statue de Cicéron !

Carlo Bonucci, directeur des fouilles *royales* (titre qu'il se donne dans ses ouvrages) nous affirme le fait, et, un autre savant (Mazois) nous apprend que dans cette même *Cella* on trouva la statue brisée d'une femme, à laquelle il manquit la tête, et qui avait son corps à ses pieds !

Je m'étonne de ne pas trouver tous ces curieux détails dans un « *Guide* » aussi sérieux que celui de M. Pagano.

BALINEAE

~~~~

(RÉGION VII. — ILE V.)

(*L'Entrée est dans le Decumanus Major.*—Rue des Thermes N. 2).

Les Pompéiens étaient de véritables amphibies ; grands et petits, riches et pauvres, tous se baignaient jusqu'à sept fois par jour.

De là, l'importance que prirent les Thermes dans l'antiquité. Ceux de Rome étaient de véritables mers dans lesquels des fleuves, venant des régions éloignées, apportaient majestueusement le tribut de leurs ondes sur des Arcs de Triomphe. Trois mille baigneurs pouvaient se réunir dans les thermes de Caracalla ; ceux de Septime Sévère, situés dans un parc, couvraient un espace de cent hectares et renfermaient des gymnases, des bibliothèques, des théâtres et même une arène.

L'arène se retrouve partout, car rien ne plaisait tant à un Romain, lorsqu'il se portait bien, comme de voir mourir son semblable.

Dans ces thermes, l'architecture y avait épuisé ses ingénieuses ressources et la statuaire ses chefs-d'œuvre. L'Apollon du Belvédère, l'Hercule Farnèse le Lacoon, le Groupe de Dircé, la Flore et la mosaïque des Colombes ont été trouvés dans des Bains à 20 Centimes ! (un quadrant.)

A Pompeï, pour le même prix, on ne trouvait pas la magnificence romaine, mais la grâce délicate et le bon goût.

Des ornements d'un style vif et léger, comme l'idée qu'ils représentent : Amours chevauchant des monstres marins, Amours domptant des lions, se détachent dans le *Tépidarium* sur une voute peinte en rouge et en azur, voute que couronne, comme un beau vase antique, un long cordon de feuilles d'acanthe.

Dans le *Tépidarium*, un ordre de petits *Télamons*,

d'Atlantes en terre cuite coloriée, d'un fini merveilleux et qui laissent entre eux des niches où l'on mettait le linge et les parfums, réunissent tous leurs efforts pour soutenir l'entablement.

Dans le *Frigidarium* la voute bleue étoilée d'or, est ouverte sur le ciel bleu, les murs sont peints en jaune clair avec de grands feuillages : joncs et plantes marines ; c'est clair, c'est gai, c'est vif, nulle ombre ; tout en pleine lumière.

Au contraire le *Spoliarium* est sombre, mais combien, aux clartés des lampes rangées sur la corniche, doit resplendir la mosaïque bordée de noir, la blanche mosaïque qui a reflété tant de petits pieds charmants — des marbres roses !

— » Que vous-en-semble, cher touriste, vous plairait-il prendre un bain ?

— » Volontiers ; où devons-nous nous deshabiller ?

— » Ici, dans ce *Spoliarium*: les Académiciens l'appellent un *Apodisterion*, et les simples mortels, un *vestiaire*.

— » Nous n'allons pas nous deshabiller dans un pareil courant d'air ; voyez, il y a six portes et pas une n'est close.

— » Bagattella !

— » Mais, s'il vient des dames ?

— » Elles nous prendons pour des statues antiques..... Que craignez-vous ? vous êtes beau comme Antinoüs. Voilà qui est fini.—Holà ! Capsarius, esclave de malheur ! emporte notre papier-monnaie et nos bretelles, et serre ces objets précieux dans ta cassette....

Si vous m'en croyez, cher touriste, comme nous

sommes en hiver, nous nous contenterons d'un bain froid, puis, nous réchauffant dans le *Tepidarium*, nous irons suer dans le *Caldarium*.....

— » Soit ; entrons dans le Baptisterium.

— » Nous voici dans la cuve, combien croyez-vous que cette cuve a de diamètre.

— » Trois-mètres quatre-vingt-huit centimètres, je l'ai lu hier dans le dictionnaire des Antiquités d' Antony Rich.

— » Eh bien, Rich se trompe, elle a 4.m 50.cent. M. E. Breton l'a mesurée.

— Mais Rich aussi l'a mesurée. Peu importe, nous voici gelés convenablement; passons dans le tépidarium... Voilà un magnifique brasier et de superbes sièges de bronze.

— C'est un présent que Nigidius Maï, surnommé *la Vache*, a fait à la Colonie. Pas sot Nigidius ! Non seulement, *armes parlantes*, il a fait figurer les pieds, et la tête d' une génisse sur ses quatre meubles, mais il a pris soin d'y faire graver l'inscription que nous y lisons :

M·NIGIDIVS·VACCVLA·P·S

Les générations qui se succèdent d'âge en âge, ignoreront toujours les noms de ceux qui élevèrent la *Pyramide de Cécrops*, l'*Acropole*, les *Temples de Pestum et d'Agrigente*, mais elles sauront que Nigidius a donné trois bancs et un fourneau à ses concitoyens..... Entrons dans le *Calidarium* et approchons-nous du *laconicum*, émisphère où se trouve ce magnifique *labrum* sur les bords duquel nous lisons l'inscription suivante ; lettres de bronze incrustées dans du marbre.

CN·MELISSAEO·CN·F·APRO M·STAIO M·F · RUFO· II·
VIR·ITER·ID LABRVM·EX·D·D·EX·P·P·F·C·
CONSTAT·H S I·Ↄ·C·C·L·

« Gnéus Mélisséus Aprus, fils de Gnéus etMarcus Staius Rufus, fils de Marcus Duumvirs pour la seconde fois; par décret des Décurions firent construire ce *labrum* aux frais de l'état, et la dépense s'éleva á 5,250 Sexterces. »

— « Au sortir du *Sudatorium*, rentrons dans le tépidarium et étendons-nous sur ces lits de repos. Deux jeunes masseurs arrivent aussitôt, pèsent sur nos corps, les massent, les pétrissent, les boulangent.....

Basta ! un peu plus ils nous désarticuleraient.

Voici venir les *Aliptes* qui vont nous frictionner.

La main armée d'un strygile, grattoir de corne creusé en cuillère et ceintré de manière à s'appliquer aisément sur la rotondité des membres, ils frottent vivement notre peau et en détachent ce bue Théophile Gauthier appelait des *copeaux balnéatoires*.

Eux partis, arrivent les Alipiles, ou parfumeurs qui viennent pratiquer sur nous, à l'aide de petites pinces et d'un onguent composé de graine de saule noir et de litharge, la plus complète épilation; après quoi ils nous oignent légèrement tous les deux avec un liniment composé de saindoux et d'ellébore blanc, liniment qui a pour vertu de faire disparaître les démangeaisons ; puis avec des huiles et des essences.

C'est fini, on nous essuie avec des étoffes d'une laine douce et soyeuse, on nous enveloppe dans une *gausape* d'écarlate, espèce de grande toge velue en dedans, et on nous laisse reposer.

Moment délicieux !

Apportez-nous des *narghilés* remplis d' eau de rose, des chibouchs à gros bouquins d'ambre, étendons-nous sur ces divans et, tandis que nous savourerons le *Moka* dans de petites tasses à support de filigrane, et que nous nous entourerons des blondes vapeurs du Chiraz et du Tombéki, que les Almées viennent danser devant nous...

Quel réveil !

AU PAS DE COURSE

Comment, déjà quatre heures !
Et Pompeï ferme à quatre heures et demie!
L'Administration n'y songe pas, il manque ici un Tramway.
Deux temples : celui d' Isis , celui d' Esculape—les savants ont dédié ce dernier temple à Jupiter et à Junon; impossible!(on y a trouvé la statue de Vénus;—c'est bien le temple d'Esculape) un Forum, l' Hécatonstylon , un bain public, deux théâtres, une école de gladiateurs, un amphitéâtre, quarante-et-une rues, cent-trente-trois maisons, trente-trois boutiques.....
Jamais nous n'aurons le temps de tout voir.
Essayons cependant.
La ballade allemande prétend que les morts vont vite quand ils traversent les villes des vivants ; eh bien, puisque le temps nous éperonne, nous, vivants, traversons au galop la cité des morts.
Suivons le trottoir de la rue de la Fortune. Au n. 2, à gauche, nous trouvons la *Maison du Faune*

splendide demeure dont l'impluvium était décoré de la célèbre statue de bronze : le Faune dansant.

Lassé de la route parcourue, je m'assieds sur le bord de la fontaine qui fait le coin de la rue des savants (Via IX.); mais je vous engage, mon cher touriste à aller visiter les fouilles.

Là, rien de ce qui fait ressembler Pompeï à un cimetière abandonné ; tout est jeune, tout est vivant. Les mosaïques sont pures, les décorations éclatantes, les inscriptions nettes.

Comme une nymphe endormie, chaque maison soulève lentement son voile et apparaît dans toute sa beauté et toute sa fraîcheur.

Vous voici revenu, continuons notre chemin et, arrivés au Cardo (Grande rue Stabienne) prenons cette voie qui va nous conduire au quartier des Théâtres.

Nous voyons à droite :

1. La maison de GAVIUS RUFUS. R. VII. I. I. n. 16.
2. » de P. PAQUS PROCULUS R. VII. I. II. n. 6
3. » de VEDIUS SIRICUS R. VII. I. I. n. 47.

et, à gauche :

1. La maison de M. LUCRETIUS R. IX. I. III n. 3.
2. » de TITUS DECIUS PANTHERA R. IX. I. II. n. 16.
3. » d'EPIDIUS RUFUS R. IX. I. I. n. 20.

Ici, en tournant à droite, dans la rue de l'Abondance (Decumanus minor) nous trouvons au n. 1 les *Thermes*.

Ces Thermes (Rég. VII.—Ile I.) sont précédés d'une *palestre* et d'un *sphaeristerium* (jeu de paume) vaste *area* entourée de portiques sur trois côtés.

Deux portes annexées à la palestre conduisent au *destrictarium* (lieu où on s'oignait d'huile et de parfums).

Le temps nous presse, traversons rapidement l' apodytérium, le frigidarium, le tépidarium, le calidarium et autres chambres terminées en *ium*; puis reprenons notre course échevelée.

Nous voici enfin arrivés dans le quartier des **Théâtres** (Région VIII.)

Entrons vite dans la Rue du Temple d'Isis. (Via Secunda.)

TEMPLE D'ISIS

(Regione VIII. — Ins. VII.)

(a gauche n. 28)

Ce petit temple a été et est encore aujourd'hui le théâtre d'une lutte formidable.

Sur la porte d'entrée se trouvait l'inscription suivante la quelle bien entendu est à Naples :

N.POPIDIVS.N.F.CELSINVS
AEDEM.ISIDIS.TERRAE.MOTU.CONLAPSAM
A FVNDAMENTO.P.S.RESTITVIT.HVNC.DECVRIONES
OB LIBERALITATEM
CUM.ESSET.ANNORUM.SEX.ORDINI.SUO.
GRATIS.ADLEGERVNT

» Nonnus Popidius Celsinus, fils de Nonnius a
» fait relever entièrement à ses frais le temple d'I-
» sis renversé par un tremblement de terre. A
» cause de cette libéralité les Décurions l'ont asso-
» cié à leur ordre à l'âge de soixante ans.

Au milieu d'un atrium entouré d'un portique à colonnes, s'élève le soubassement (podium). On y arrive par un escalier de 7 degrés, flanqué d'autels. Un portique de 6 colonnes corinthiennes précède l'étroite Cella. Des escaliers secrets permettaient aux prêtres, à ce qu'on suppose, de s'introduire derrière la statue pour lui faire rendre des oracles. Les peintures des murs étaient relatives aux mystères d'Isis. On trouva dans cet édicule les figures d'Isis, d'Harpocrate, le doigt sur les lèvres, commandant le silence ; les statuettes d'Orisis, de Vénus, de Bacchus, de Priape... et un grand nombre d'ustensiles en bronze à l'usage du culte, des couteaux, des systres, des cymbales, des goupillons, des bassins, des trépieds, etc. Plusieurs squelettes, de prêtres furent trouvés dans les chambres. L'un d' eux était à dîner au moment de la catastrophe.

Il vivait assez bien de l'autel, à en juger par le poisson, le poulet, les œufs, le vin, la guirlande de fleurs, dont les restes furent trouvés prè de lui. Le squelette d'un autre prêtre était au pied d'un mur, une hache à la main ; il s'était déjà ouvert deux issues mais ne put pas aller plus loin.

Au n. 29 nous voyons l'*Arca et le portique de Vinicius*. Au n. 30 l'*Hecatonstylon* Bonucci voit là de longs portiques, d'élégantes colonnes, un temple, un bois sacré, un stadium, un putéal dans lequel on avait soigneusement ensevelie la foudre, etc... pour moi, je n'y trouve qu'une situation merveilleusement bien choisie pour admirer la splendide décoration, dont Pompeï forme le premier plan.

Ici, le Vésuve : sa fumée se développe, toute blanche, sur le ciel bleu, et lui donne un je ne sais quoi de vivant et d'animé qui attire sans cesse le regard; là, de riches cultures qui n'ont de limite que la chaine du Sarrasti ; sur la pente inclinée de ses montagnes s'étagent Nola, Avella, Palma et Sarno, villes charmantes dont ont voit les clochers émerger audessus des grands bois qui les entourent.

Au sud, se dressent Albino et Gaurano, monts couverts d'oliviers, et au pied des quels s'abrite la coquette, la délicieuse Castellamare ! Castellamare, où se trouve la Villa *Coticelli*, ce coin de Paradis sur la terre.

Ici mon touriste de m' interrompre:

— Mon cher *Cicerone*, vous n'y songez pas ; il

est quatre heures et demie; de tous côtés on crie : « *On ferme !* »

— « C'est pourtant vrai. Toutefois, je vous en prie, jetons un coup d'œil sur le Putéal Numérii (n. 32.)

Mon touriste se sauve le plus vite qu'il peut mais voici venir de mon côté, une jeune dame, suivie de son *Custode*.

— » Madame vous serait-il agréable de visiter avec moi le *Théâtre tragique*, l'*Ecole des Gladiateurs* et l'*Amphitéâtre?*
— Volontiers, monsieur

GRAND THEATRE

∿

(Région VIII. — Ile VIII.)

Térence, Plaute, vieux comiques,
Ne revenez-vous pas tous les deux
Errer parfois sous ces portiques
Pour écouter les amoureux ?.....
Italiam ! Italiam !..... l'usage
Oblige tout nouveau ménage
A venir cacher ses amours,
Sur cette terre enchanteresse,
Paradis de joie et d'ivresse...
Où l'hiver il pleut tous les jours.

Ils viennent dans la ville morte,
Se promettre de longs destins ;
Tou s'arrivent par cette porte,
Et vont s'asseoir sur ces gradins.
L'une a vingt ans, l'autre soixante,
L' un est affreux, l' autre est charmante :
Hymen ! sur eux répands tes fleurs.....
O vous, dont Thalie et Minerve
Inspiraient la mordante verve,
Reconnaissez tous vos acteurs.

» *Lycie* a vendu sa jeunesse
» En choisissant un vieil époux ;
» *Dave* a toujours même bassesse ;
» *Phébe* est toujours aussi jaloux...
» Ainsi, traversant tous les âges ,
» Toujours les mêmes personnages
» Montreront les mêmes travers ;
» Mais toujours un Plaute, un Molière,
» Sauront trouver une lanière,
» Et les fustiger dans leurs vers !

Que me disait donc mon touriste ?
Le théâtre* est encore rempli de monde.

---

* Ce vaste théâtre construit du vivant d'Auguste et ayant a l'intérieur 68 mètres de diamètre est assis sur le tuf même d'une colline, de manière à économiser les frais de substructions, dominait la ville. La partie haute de ce théâtre ne fut pas complètement enterrée par les cendres de l'éruption. Grâce à cette circonstance, les habitants purent enlever les statues, les marbres et les principales décorations. Les degrés faisaient face à la mer, qui baignait alors le pied de la colline, et, pendant toute la représentation, le spectateurs des gradins élevés avaient la vue de la baie et des côtes. Le peuple entrait du côté du Forum triangulaire et descendait dans l'enceinte (*cavea*) par 6 escaliers, divisant les gradins en 5 parties nommées *cunei*. Les gradins, au nombre de 29, étaient en marbre de Paros ; ils étaient partagés par 2 passages munis d'un mur (*præcinctiones*) en 3 étages. Beaucoup de gradins ont conservé leurs numéros, d'après lesquels on a estimé le nombre de spectateurs à 5,000. Les gradins du bas (*ima cavea*), places privilégiées, étaient séparés des gradins des plébéiens par une entrée particulière à côté de la scène. Des *designato-*

Venez, madame, venez vous asseoir auprès de moi sur ce *bisellium*** jadis voté à Holconius Rufus, Flamine d'Auguste et patron de la Colonie.

---

res conduisaient chaque spectateur à la place qui lui était assignée. (V. plus bas : Odéon.) Une autre entrée séparée conduisait à la galerie des femmes qui assistaient invisibles—a ce que l'on croit—derrière un grillage de fer. En bas l'aire semi-circulaire, s'étendant entre les premiers gradins et la scène et appelée l'*orchestra*, avait des siéges de bronze (*bisellia*) pour les principaux magistrats. La scène proprement dite *(proscenium)*, en avant de laquelle était le *pulpitum*, plate-forme ou les chœurs se faisaient entendre a très peu de profondeur. Sa décoration consistait en un mur de fond orné de colonnes et de statues et percé de trois portes. Derrière ce mur s'etendait le *postcenium* où s'habillaient les acteurs. Les murs ont encore des anneaux où se mettaient les poutres destinées à soutenir le **Velarium**, ou toile que l'on étendait au-dessus du théâtre pour abriter les spectateurs du soleil.

On lit sur plusieurs annonces de spectacle à Pompeï: «*Vela erunt*» le théâtre sera couvert. Malgré ces promesses les gens prudents faisaient bien de se munir, comme le faisait Martial, d'un large chapeau ou d'un capuchon, en cas que le vent emportât les toiles : « Nam ventus populo negare solet. »

** L'inscription que voici est gravé en lettres de bronze sus le bisellium même.

M.HOLCO . . NIO.V. VFO
II . I . D . . . QVINQVIENS
ITER.QVINQ . TRIB.MIL.A.P
FLAMINI.AVG.PATR.COLO.D.D.

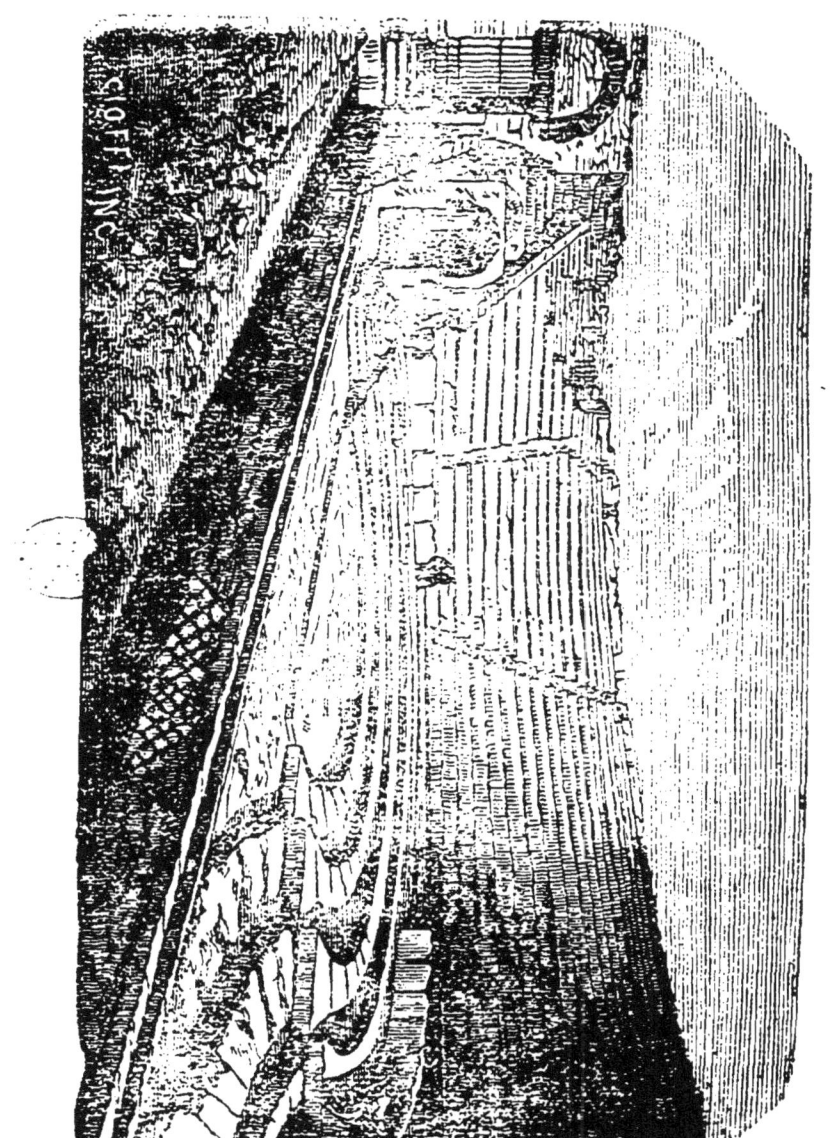

Ne trouvez-vous pas qu'il fait très-chaud ici ? Voyez, un grand nombre de citoyens, même les plus distingués ôtent leur chaussure (Dion. L IX 7) et presque tous les jeunes gens agitent des éventails devant les femmes près desquelles ils sont assis. Cependant d'autres précautions sont encore prises pour diminuer la chaleur et nous voyons couler des eaux vives dans de petits canaux ménagés de place en place derrière les gradins ; bien plus, le *Proscenium* et la scène sont abondamment arrosés avec des eaux parfumés de safran de Cilicie.

La voile suspendue sur le devant du proscenium nous dérobe la vue de la scène ; mais on frappe les trois coups et il s'abaisse subitement.

Un acteur paraît et un crieur se lève pour réclamer le silence.

Après plusieurs invitations répétées le calme s'établit l'acteur commence un récit préliminaire, véritable prologue qui contient l'explication sommaire de la pièce, ou plutôt, véritable discours latin qui nous intéresse d'autant moins que vous, madame, vous n'y comprenez rien et moi pas grand chose.

Contentons-nous de regarder les acteurs. Vous remarquez qu'ils ont tous de riches costumes assortis au rang et au genre de personnage qu'ils représentent. Comme vous le voyez leurs gestes et leur débit sont soutenus et réglés par l'accompagnement vivement accentué d'une flute d'argent presque aussi sonore que la trompette. Le musicien qui la fait résonner, est vêtu d'une longue robe trainante et se promène près de scène tantôt d'un côté tantôt de l'autre , afin d'être mieux entendu des acteurs.

— « Quel vacarme dans ce théâtre !

— « C'est vrai, entendez comme ces matrones rient aux éclats et parlent haut; elles prennent ici autant de liberté que si elles étaient chez elles.

— » Et ces nourrices, avec leurs nourrissons qui ne cessent de vagir.

— » Notez que les licteurs, postés près des magistrats augmentent le tapage en causant entre eux et en frappant leurs faisceaux sur le marbre des gradins, et que les designatores, qui devraient être les premiers à donner l'exemple de l'ordre et du silence, font plus de bruit que tout le monde en circulant pour faire placer les survenants... Enfin le premier acte est terminé et voici le *siparium*.

— » Je suis lasse d'écouter sans entendre et d'entendre sans comprendre, vous plairait-il quitter le théâtre ?

Je suis à vos ordres, madame ; daignez accepter mon bras

— Ou me conduisez-vous ?

— Au *Ludus Gladiatorius*, puis à l'*Amphithéâtrum*.

— Vous êtes on ne peut plus aimable monsieur. Je ne sais ce qu'a mon *Custode* ; il s'approche sans cesse pour écouter ce que nous disons et ne nous quitte pas un seul instant des yeux ; cela finit par devenir impatientant !

TEATRUM TECTUM

ODÉON

(Région VIII — Ile VIII.)

(N. 17)

Une plaque en travertin placée au dessus de la porte d'entre offre l'inscription suivante,

    C·QVINCTIVS·C·F·VALG
    M·PORCIVS·M·F
    DVO·VIR·DECR
    THEATRUM·TECTVM
    FAC·LOCAR·EIDEN·PROB

» Les *duumvirs* Caius Quintius Valgus, fils de Caius, et Marcus Porcius, fils de Marcus, par décret des Décurions ordonnèrent la construction du théâtre couvert, et l'approuvèrent. »

Cette traduction est celle de mon ami le D.r Serafini, et ce qui semble lui donner une certaine autorité celle de l'Auteur du *Guide de Pompeï*, M. Nicolas Pagano.

Notre traduction à nous est celle-ci :

» Les Duumvirs C. Quinctius fils de Cajus et M. Porcius, par décrèt des Décurions empruntèrent l'argent (pour bâtir) le théâtre couvert, (et) l'approuvèrent.

FAC·LOCAR·EIDEN

Signifiant emprunter de l'argent et non *faire construire*.

On croit que ce théâtre pouvait contenir 1500 spectateurs

Aux deux extrémités du mur de *præcinctio* sont deux figures agenouillées servant de cariatide. On trouva dans les décombres beaucoup de tessères ou billets d'entrée (ils étaient en os, en terre cuite et en bronze). Un de ces jetons porte en lettres grecques *Hémicycle XI*, un autre, représente sur une face un dessin grossier sans lequel nous avons cru reconnaître l'indication des tribunes réservées du *podium*, à l'extrémité de l'orchestre ; sur l'autre face on lit aussi l'annonce du spectacle : d'Eschyle XII. Les inscriptions sont quelques fois plus explicite : témoin celle-ci « 2. *Cavea* 3. 8. *Casina Plaute* ».

LUDUS GLADIATORIUS

(Région VIII. — Ile VIII.)

(N. 16.)

— » Madame, excusez moi si je ne vous ai pas montré l'Odéon ; il n'est, en plus petit, que la reproduction du théâtre tragique.

Maintenant je suis tout à vous.

Nous sommes ici, non pas, comme le prétendent certains antiquaires, dans le quartier des soldats encore moins dans le *forum nundinarinm* (le marché public) ; mais bien dans l'école ou les *lanistes* enseignaient la théorie de l'art de se tuer convenablement.

C'est là que des professeurs, nommés à la suite d'un concours montraient à leurs élèves appelés *Tyrons* la science de recevoir des blessures avec grâce et de mourir avec noblesse.

C'était une école d'entrainement.

Les lanistes y nourrissaient leurs intéressants éliers avec une nourriture substantielle composée d'une forte ration de viande, afin qu'ils fussent plus vigoureux et eussent plus de sang à répandre.

Que dis-je ?... ici on vendait le sang humain.

— » Monsieur, vous exagérez.

— » Nullement, madame. Avez vous lu Sénèque!

— » Non, monsieur.

» Voici ce qu'il a écrit dans une de ses lettres (L. XIII. T. 1. p. 342)

» C'est dans les écoles de lanistes qu'on trouve
» toujours des gladiateurs destinés à une mort iné-
» vitable, parce qu'on les fait tuer en combattant
» autour des bûchers dans les funérailles. Pas de ma-
» gnifique enterrement sans ce *munus* (devoir) ren-
» du aux mânes paternels. »

— » C'est affreux !
— Oui, Madame, ce sont d'horribles coutumes
que celles qui, comme dit Boileau :

« Pour honorer les morts font mourir les vivants »

— Mon Dieu, que ce *Custode* est déplaisant.
— Venez dans l'Amphithéâtre, Madame.

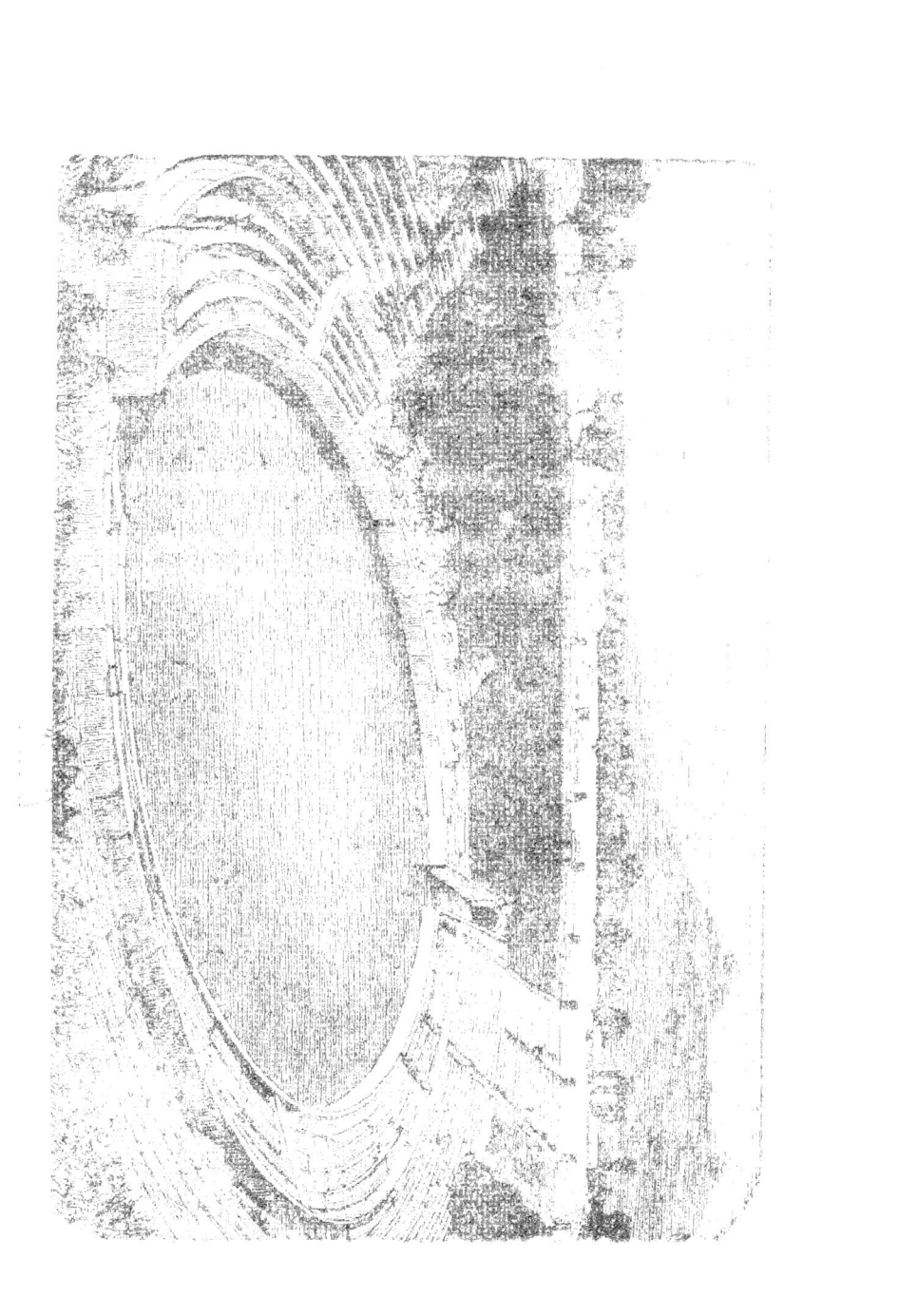

LUDUS GLADIATORIUS

—

(Région VIII. — Ile VIII.)

(N. 16.)

— » Madame, excusez moi si je ne vous ai pas montré l'Odéon ; il n'est, en plus petit, que la reproduction du théâtre tragique.

Maintenant je suis tout à vous.

Nous sommes ici, non pas, comme le prétendent certains antiquaires, dans le quartier des soldats encore moins dans le *forum nundinarinm* (le marché public); mais bien dans l'école ou les *lanistes* enseignaient la théorie de l'art de se tuer convenablement.

C'est là que des professeurs, nommés à la suite d'un concours montraient à leurs élèves appelés *Tyrons* la science de recevoir des blessures avec grâce et de mourir avec noblesse.

C'était une école d'entrainement.

Les lanistes y nourissaient leurs intéressants éliers avec une nourriture substantielle composée d'une forte ration de viande, afin qu'ils fussent plus vigoureux et eussent plus de sang à répandre.

Que dis-je ?... ici on vendait le sang humain.

— » Monsieur, vous exagérez.

— » Nullement, madame. Avez vous lu Sénèque!

— » Non, monsieur.

» Voici ce qu'il a écrit dans une de ses lettres (L. XIII. T. 1. p. 342)

» Tandis qu' une rougeur charmante
» Te rend plus charmante à mes yeux,
» D' une voix douce et caressante
» Tu viens me dire :— « Est-ce ennuyeux
» D' avoir toujours sur notre route
» Ce *Custode* qui nous écoute
» Et veut me suivre malgré moi!...»
— » Demeure en paix! Dans ce grand cirque
» Tu vas voir une lutte antique,
» Nous allons combattre pour toi !

— » Custode ! sois le *Rétiaire* ;
» Moi, je serai le *Mirmillon*
» Mais, souviens toi qu'au *spoliaire*
» T'attend bientôt le Vespillon !...
» De ses coups j'évite l'atteinte
» Et mon glaive, par une feinte
» Lui fait une blessure au flanc !
» HOC HABET !..... Il tombe. Il expire !
. . , ...
» Tous deux nous pouvons nous sourire
» Le *Custode* n'est plus gênant.

LES RUINES
DE POMPÉI

ILLUSTRÉES

DE NOMBREUSES GRAVURES

SCAFATI

IMPRIMERIE POMPÉIENNE

1876

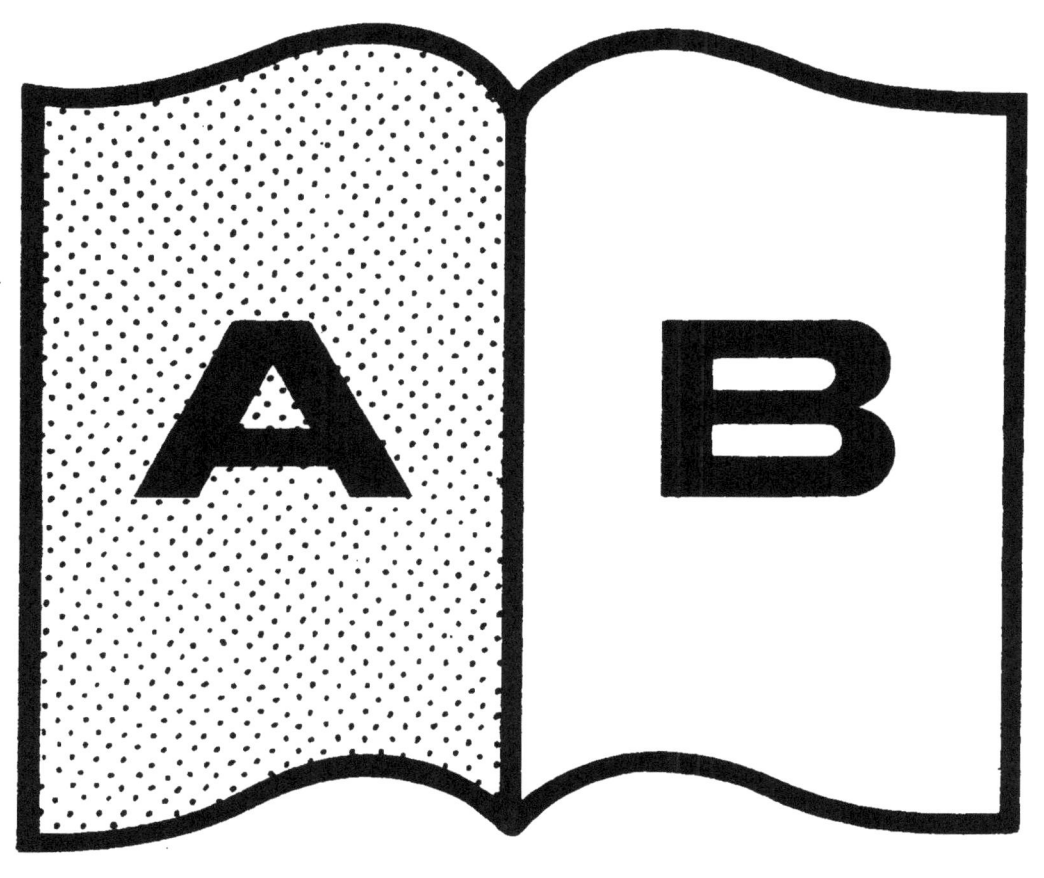

Contraste insuffisant

NF Z 43-120-14

www.ingramcontent.com/pod-product-compliance
Lightning Source LLC
Chambersburg PA
CBHW060209100426
42744CB00007B/1228